**Richard Deiß**

# Puppenstube und Frittenbude

## 100 Städte in den Beneluxländern, welche man kennen sollte

E-Mail-Adresse des Autors:
richard.deiss@gmail.com

*Anregungen und Verbesserungsvorschläge sind willkommen und werden in der nächsten Ausgabe berücksichtigt.*

Herstellung und Verlag: BoD – Books on Demand, Norderstedt

Dritte Auflage 2021, Originalausgabe

Printed in Germany

ISBN          978-3-7543-730-57

**Bibliografische Information der Deutschen Nationalbibliothek**
Die Deutsche Nationalbibliothek verzeichnet diese Publikation in der Deutschen Nationalbibliografie; detaillierte bibliografische Daten sind im Internet über http://dnb.d-nb.de abrufbar

# Inhalt

# Vorwort

Von 1993 bis 2000 und von 2002 bis 2021 lebte ich in Brüssel, insgesamt 26 Jahre lang. Von 2000-2002 lebte ich in Luxemburg. Seit 2021 habe ich eine Wohnung in den Niederlanden. Ich habe also bereits in allen drei Beneluxländern gelebt.

Als Geograph war ich immer Städtesammler und habe in den drei Ländern bereits mehr als 200 Städte und andere Gemeinden besucht.

In allen belgischen Städten über 100 000 Einwohner und in den niederländischen Städten über 500 000 Einwohner war ich bereits mehr als ein Dutzendmal. Selbst etliche kleinere Städte habe ich mehrfach besucht.

Nachdem ich bereits 6 kleine Taschenbücher zu besuchten deutschen Städte publiziert hatte, war es an der Zeit, auch die Beneluxländer durch einen Band mit Reiseimpressionen abzudecken. Die Erarbeitung hilft einem, in der Vergangenheit Gesehenes systematischer zuordnen zu können und die Achtsamkeit bei neuen Städtebesuchen zu erhöhen.

Das Büchlein hat nicht die Intention, in die Tiefe zu gehen oder ein Reiseführer zu sein. Es handelt sich um Städte- und Reiseimpressionen, welche jedoch im Laufe der Zeit nach neuen Reisen und Einblicken ausgebaut werden sollen.

Ich hoffe, der Leser findet trotz dieser bescheidenen Ansprüche manches Interessante im Büchlein.

Nachdem ich die noch fehlenden 9 der 22 Städte Westflanderns besucht habe, lege ich es hiermit neu auf, um es um entsprechende Beschreibungen zu ergänzen.


Berlin im Dezember 2021
Richard Deiß

4

Seit der letzten Auflage neu besuchte Städte:

## ❖ Damme
Einst wichtiger Hafen, heute pittoresker Touristenort.

## ❖Veurne
Diese Künstlerstadt mit beeindruckendem Marktplatz kam fast unversehrt durch den ersten Weltkrieg.

## ❖ Diksmuide
Im 1. WK völlig zerstört, wurde das Zentrum im alten Stil wieder aufgebaut.

## Poperinge
Sehenswerter Marktplatz mit neogotischem Rathaus und wuchtiger Kirche. Mehrere interessante Kirchen in der Innenstadt.

## Tielt
Schöner zentraler Platz mit Belfried und alten Tramgleisen.

## Menen
Außer dem Rathaus mit achteckigem Turm nur wenig auffällige Gebäude.

## Mesen
Kleinste Stadt Belgiens, viele Kriegsdenkmäler

## Harelbeke
Tolles Bahnhofsempfangsgebäude und eindrucksvolle St. Salvatorkirche aber sonst wenig zu sehen.

## Warvik
Kleine Zigarrenstadt mit winzigem Stadtzentrum.

## Gistel, Oudenberg, Izegem, Waregem, Lo-Reninge
Unbedeutende Kleinstädte, wenige Sehenswürdigkeiten.

# 1. Belgien

In Belgien gibt es 135 Gemeinden mit Stadtstatus, davon 66 in Flandern, 68 in Wallonien und die Stadt Brüssel. Die Wallonische Region hat mit 3.6 Millionen Einwohnern nur etwas mehr als die Hälfte der Bevölkerung Flanderns, jedoch eine leicht größere Städtezahl. Flächenmäßig ist jedoch Wallonien größer (16 900 km$^2$, verglichen mit den 13 600 km$^2$ Flanderns). Die Städte Walloniens sind deshalb im Durchschnitt bevölkerungsmäßig kleiner als die Städte Flanderns, flächenmäßig jedoch größer.

Im Mittelalter hat die Textilherstellung Flandern zu eine der reichsten Regionen Europas gemacht. Das zeigt sich noch heute an den zahlreichen gut erhaltenen und großen mittelalterlichen Altstädten in Flandern. Dazu gehören allerdings nicht die Städte an der Küste. Die nur kurze Küste ist fast durchgehend mit gesichtslosen Apartmentgebäuden zugebaut. In Flandern sind vor allem auch die größeren Städte sehenswert, kleineren Städten fehlt es dagegen oft an Lebendigkeit.

Die größeren wallonischen Städte haben dagegen weniger idyllische Altstädte und sind an den Rändern von Schwerindustrie geprägt. Allerdings sind architektonische Bemühungen deutlich wahrnehmbar, diese Städte aufzuwerten. Die kleineren wallonischen Städte, vor allem in den Ardennen, liegen oft landschaftlich reizvoll und manche haben auch hübsche Stadtkerne mit manchmal urigen steinsichtigen Fassaden.

Brüssel selbst, geographisch in Flandern gelegen, zeigt Merkmale beider Regionen, mit flämischen und französischen Architekturelementen, und ist in nicht weniger als 19 Gemeinden, oft mit ganz unterschiedlichem Charakter, aufgespalten.

Karte der von mir in Belgien besuchten 126 Städte (rot, andere Gemeinden: orange).

| Provinz, Region | Städte | besucht | Top 100 Benelux | Andere im Buch |
|---|---|---|---|---|
| Brüssel (Reg.) | 1 | 1 | 1 | 1 |
| Fl. Brabant | 9 | 9 | 2 | 4 |
| Antwerpen | 8 | 8 | 4 | 5 |
| Ostflandern | 12 | 12 | 4 | 4 |
| Westflandern | 22 | 22 | 6 | 7 |
| Limburg | 15 | 15 | 3 | 4 |
| Flandern | 67 | 67 | 20 | 24 |
| Wal. Brabant | 6 | 6 | 2 | 2 |
| Lüttich | 15 | 15 | 7 | 3 |
| Luxembourg | 13 | 4 (31%) | 2 | 1 |
| Namur | 11 | 11 | 4 | 1 |
| Hainaut | 23 | 23 | 5 | 9 |
| Wallonien | 68 | 59 (86%) | 20 | 16 |
| Belgien | 135 | 126 (93%) | 40 | 40 |

## 1.1 Brüssel und Brabant

Die Städte, welche mich am meisten beeindruckten

### ❖ ❖Brüssel

Brüssel gilt als Hauptstadt der EU und ist eine lebendige Mischung aus Verfall und Erneuerung mit einer Prise Chaos. Grund dafür ist die komplexe Identität der Stadt. Sie liegt in Flandern und die Flamen sehen sie als ihre Hauptstadt. Auch die ältesten Gebäude mit ihrer Backsteingotik strahlen eher eine flämische Identität aus. Die überwiegende Mehrheit der Einheimischen, viele davon haben einen nordafrikanischen Migrationshintergrund, ist jedoch französischsprachig. Dazu kommt ein hoher Bevölkerungsanteil (etwa 40%) mit ausländischer Staatsangehörigkeit. Das sind zum einen gut bezahlte Mitarbeiter von EU-Institutionen und NATO, meist aus dem europäischen Ausland, zum anderen Armutsmigranten aus Afrika und Südasien. Insgesamt haben zwei Drittel der Bevölkerung Brüssels einen Migrationshintergrund und das belgische Drittel ist gespalten zwischen Alteingesessenen Brüsselern, Neuankömmlingen aus der wallonischen Provinz und solchen aus Flandern. Neben Flandern und Wallonien gibt es noch die Niederländischsprachige Gemeinschaft und die Französischsprachige Gemeinschaft Belgiens und beide schließen die entsprechenden Muttersprachler Brüssels ein. Brüssel ist überdies eine belgische Region und zählt nicht zu den 10 Provinzen. Brüssel ist auch nicht eine einzige Gemeinde, sondern besteht aus 19 verschiedenen Gemeinden, darunter die Stadt Brüssel, die etwa 200 000 Einwohner hat, also weniger als 1/5 der Region Brüssel, Diese ist verglichen mit deutschen Städten eher eng abgegrenzt. Mit 150 km$^2$ ist sie nur ein Fünftel so groß wie Hamburg oder halb so groß wie München. Brüssel ist also eine sehr komplizierte Stadt, für die sich niemand so richtig zuständig fühlt, zumal sich Belgien in den letzten Jahrzehnten immer mehr föderalisierte. Während gleichzeitig die nationale Rolle Brüssels schwächer geworden ist, ist die europäische Bedeutung gestiegen. Brüssel ist heute auch architektonisch eine sehr komplexe Stadt. Nach langen Perioden des Verfalls überwiegen in der Innenstadt heute eher Aufwertungs- und Gentrifizierungstendenzen. Diese sind jedoch lange nicht so stark und eindeutig, wie etwa in London und Paris. Verglichen mit diesen Metropolen ist das Preisniveau in Brüssel zudem noch moderat.

### ❖ Watermael-Boitsfort (Brüssel)

Auf dem Gebiet der Region Brüssel gibt es verschiedene Gartenstädte. Am faszinierendsten finde ich die aneinandergrenzenden Gartenstädte Floréal und le Logis in Watermael-Boitsfort im Süden der Region. Ein Besuch wirkt wie eine Zeitreise in die 1930er Jahre.

## ❖ Löwen (Leuven)

Löwen war einst noch vor Brüssel die bedeutendste Stadt des Herzogtums Brabant. Das zeigt sich auch an der Tatsache, dass hier die älteste Universität des Benelux-Raumes ihren Sitz hat, die Katholische Universität Löwen, welche bereits 1425 gegründet wurde. Als Brüssel im Jahr 1267 zur Hauptstadt von Brabant wurde dauerte es noch mehrere Jahrhunderte, bis Brüssel bedeutender war.

Im Ersten Weltkrieg setzten die Deutschen Löwen in Brand und weite Teile der historischen Altstadt gingen verloren, einschließlich der Universitätsbibliothek. Diese Barbarei veranlasste Großbritannien, am Weltkrieg teilzunehmen.

Das gotische Rathaus blieb jedoch verschont, um dann jedoch im Zweiten Weltkrieg beschädigt zu werden. Erst im Jahre 1982 konnte die Sanierung abgeschlossen werden. Man spürt die Kriegszerstörungen Löwens, wenn man vom Bahnhof zum Rathaus läuft. Es wird augenscheinlich, dass das Hauptgebäude der alten Universität vereinfacht wieder aufgebaut wurde. Trotzdem ist Löwen eine sehenswerte Stadt. Vor allem das Rathaus mit seiner filigranen Fassade beindruckt. Löwen ist zudem eine lebendige wachsende Universitätsstadt mit vielen Studenten und prosperierenden Unternehmen, so dem weltgrößten Bierkonzern Anheuser Busch InBev. In den letzten Jahren hat die Bevölkerung stetig zugenommen, so dass die Stadt mittlerweile mehr als 100 000 Einwohner zählt. Man kommt an einem historischen Bahnhof an mit modernen Bahnhofsdächern. Man fragt sich, ob angesichts der wachsenden Einwohne-zahl der ICE Frankfurt-Brüssel jemals in Löwen halten wird. Auf der stadtabgewandten Seite des Bahnhofs neue Hotelbauten, die futuristisch, aber auch etwas billig wirken. Auf der Stadtseite entlang der Bahntrasse eine Perlenkette moderner Bürobauten, die durch neue Wohngebäude weiter verlängert wird. Unter den Bürobauten eine sehr ausgedehnte Fahrradparkanlage. Bevor es die gab, war

Löwen einer der Bahnhöfe Europas, an welchem außerhalb einer Fahrradstation die meisten Fahrräder geparkt waren (über 3000).

## ❖ Diest

Im April 2021 besuche ich zum ersten Mal Diest und bin gleich von der Stadt eingenommen. Denn in der Innenstadt wurde von 2012-2016 der Fluss Demer, der wegen Verschmutzung und Überschwemmungen Anfang der 1960er Jahre zugeschüttet wurde und aus dem Stadtbild verschwand, wieder ans Tageslicht gebracht. Es gibt Fuß und Fahrradwege entlang der verschiedenen Zweige des Flusses und Sitzplätze am Ufer. Informationstafeln zeigen, wie es hier früher war und was gemacht wurde. Das allein macht die Stadt schon interessant. Es gibt jedoch auch ein reiches Architekturerbe, einen Platz mit stattlichem Rathaus und schönen Bürgerhäusern, mehrere Kirchen und etliche sehenswerte historische Stadtplätze und Straßen.

## ❖Louvain-la-Neuve

Louvain-La-Neuve ist eine Retortenstadt, die durch die Teilung der Katholischen Universität Löwen in einen flämischsprachigen Teil und einen französischsprachigen Teil entstanden ist. Dadurch musste im französischsprachigen Teil Brabants ein Ersatzstandort gefunden werden. Man entschloss sich für einen Standort auf der grünen Wiese und den Bau einer neuen Stadt. Diese wurde nach modernen planerischen Maßstäben angelegt. Der PKW-Verkehr ist im Zentrum unter die Erde gelegt, die ganze Innenstadt ist Fußgängerzone. Das macht die kompakte Innenstadt angenehm, obwohl es nichts Historisches gibt, fast alle Gebäude sind in den 1970er Jahren oder später errichtet worden. Louvain-La-Neuve hat ein geschlossenes modernes Stadtbild, wie man es so nur selten sieht und durch die Fußgängerorientierung und Dichte dennoch eine hohe Lebensqualität.

## ❖ Jodoigne

Im September 2021 besuche ich Genappe, eine Stadt mit etwa 14 000 Einwohnern, die jedoch sehr kleinstädtisch und beschaulich wirkt. Danach bin ich im einwohnermäßig gleichgroßen Jodoigne. Jodoigne wirkt jedoch größer und urbaner. Der Marktplatz ist recht groß und die Stadtverwaltung ist in einem leicht über der Stadt thronenden schlossartigen Gebäude untergebracht. Als ich das Viertel um die Kirche Saint Médard durchstreife, stoße ich auf seltsame Straßenschilder, wohl eine Art Kunstaktion.

## Weitere Orte Flämisch Brabant

**Aarschot**

Aarschot im Osten von Brabant hat zwei Hauptseh-enswürdigkeiten: die Kirche Unserer Lieben Frau und der Beginenhof. Obwohl die Stadt sehr alt ist, ist das Stadtbild sonst weniger historisch geschlossen als das anderer flämischer Städte. Grund dafür ist der Erste Weltkrieg. Als die Deutschen im August 1914 die Stadt besetzen wurde der deutsche Kommandeur Stenger auf dem Rathausbalkon erschossen. Die Deutschen rächten sich, in dem sie viele Häuser in Brand setzten.

**Zoutleeuw**

Bis ins 16. Jahrhundert hieß diese Stadt Leeuw. Zout heißt Salz und der Grund dieser Beifügung ist nicht ganz klar, war es, weil bis hierhin ins Binnenland Salz per Schiff transportiert wurde oder weil die Stadt eine Salzsteuer erhob? Lange Zeit war Zoutleeuw eine der bedeutendsten Städte Brabants, es gehörte zu den sieben freien Städten der Provinz und lag an der wichtigen Handelsroute Brügge-

Köln. Die einstige Bedeutung zeigt sich an der riesigen St. Leonarduskirche. Später machten andere Textilstädte Konkurrenz und die Nachbarstadt Tienen wurde zudem zum wichtigeren Handelsknoten. So fiel Zoutleeuw in eine Stagnation. Heute ist es ein beschauliches ruhiges Städtchen, welches leider nicht Mal einen Bahnanschluss hat. Von Landen war es im kalten April 2021 eine beschwerliche Radtour, denn aus Norden wehte kühler Gegenwind.

## Halle

Halle ist eine sehr alte Stadt, jedoch nur mäßig historischer Altstadt im Pendlereinzugsbereich von Brüssel. Die Züge in die Hauptstadt sind jeden Tag recht voll. Mit 40 000 Einwohnern ist Halle eine der größten Städte in Flämisch Brabant, direkt an der Provinz-Südgrenze gelegen.

## Tienen

Tienen ist eine hübsche Kleinstadt im Osten Flämisch Brabants. Einst übernahm sie von Zouteleeuw die Funktion eines Handelsknotens auf der Route Brügge-Köln und löste dadurch den Abstieg der Nachbarstadt aus. Tienen ist bahnmäßig besser erreichbar (ältestes Bahnhofsgebäude Belgiens, erbaut 1840) und lebendiger als Zouteleeuw.

## Tervuren

Tervuren ist ein gehobener Brüsseler Vorort, der vor allem für sein Schloss bekannt ist. Darin findet sich das belgische Afrika-Museum. Allerdings war die Darstellung Afrikas aus Kolonialistensicht mit ausgestopften Tieren und Pappmaché-Afrikanern irgendwann nicht mehr zeitgemäß und ein Umbau und eine Modernisierung war nötig, was etliche Jahre gedauert hat.

## Wavre

Wavre ist die Hauptstadt des wallonischen Teils der neuen Provinz Wallonisch Brabant. Wavre ist eine mäßig besuchenswerte Stadt, eine Mischung aus alt und neu ohne große Geschlossenheit. Zu den Sehenswürdigkeiten gehören eine Basilika und das Rathaus in einem ehemaligen Karmeliterkloster.

## Nivelles

Nivelles ist eine sehr alte Stadt, deren Innenstadt jedoch hauptsächlich eher aus modernen Wohngebäuden mit einfachen Ziegelfassaden besteht. Diese gruppieren sich um die Hauptsehenswürdigkeit, die romanische Gertrudskirche. Dieser große Platz mit der Kirche ist das Einzige, was mir von einem Besuch im Jahre 2012 in Erinnerung blieb.

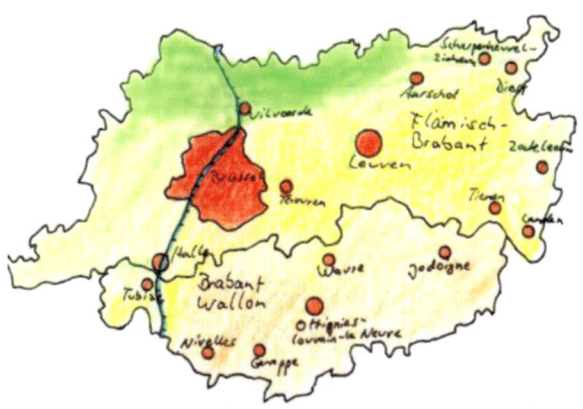

**Besuchte Städte Flämisch und Wallonisch Brabant und in der Region Brüssel:** 16 (alle, 21 besuchte Orte insgesamt).

**Top 40 Belgien/Top 100 Benelux:** Brüssel, Löwen (Leuven), Diest, Aarschot, Louvain-la Neuve, Jodoigne.

Andere Orte: <u>Flämisch Brabant</u>: Dilbeek, Grimbergen, Halle, Landen, Linkebeek, Scherpenheuvel-Zichem, Tervuren, Tienen, Zaventem, Zoutleeuw.

<u>Wallonisch Brabant</u>: Genappe, Jodoigne, Nivelles, Overijse, Tubize, Vilvoorde, Waterloo, Wavre.

## 1.2 Provinz Antwerpen

<u>Die Städte, welche mich am meisten beeindruckten</u>

### ❖❖Antwerpen

In Antwerpen haben sie aus der Sicht des übrigen Flanderns einen dikke nek, einen dicken Hals, sind also hochmütig. Denn Antwerpen ist der größte Hafen Belgiens und die größte Stadt Flanderns. Antwerpen ist zudem Modestadt mit europäischer Ausstrahlung. Kommt man mit der Bahn in Antwerpen an, empfindet man bereits den Bahnhof als Sehenswürdigkeit. Seit 2007 gibt es drei Ebenen. Ganz unten fahren die Züge unter der Stadt in die Niederlande durch. In der Mitte gibt es einige Kopfgleise. Und ganz oben ist es ebenfalls ein Kopfbahnhof. Am schönsten ist es dort anzukommen und in die Bahnhofshalle zu gehen, deren Pracht und kathedralenartige Atmosphäre einen geradezu überwältigt. In die Innenstadt ist es dann recht weit. Man kommt allerdings durch die interessanten Straßenzüge der Fußgängerzone und sogar an einem Art Deco-Hochhaus vorbei. Die mittelalterliche Altstadt ist viel kleiner als in Gent und Brügge, denn lange war Antwerpen weit weniger bedeutend als diese Städte. Als der Hafen Brügges jedoch immer mehr versandete verlagerten sich die Verkehrs-ströme erst nach Gent und dann nach Antwerpen. Es gibt deshalb auch den Spruch *Gott hat uns die Schelde gegeben und die Schelde wird uns alles Übrige geben*. An der Schelde auch die faszinierendsten neuen Bauwerke Antwerpens, Zaha Hadids Hafenamt und das Museum MAS (museum aan de stroom).

16

## ❖Mechelen

Mechelen ist eine sehenswerte Mittelstadt, zwischen Brüssel und Antwerpen gelegen. Auffälligstes Gebäude ist die St. Rumbolds Kathedrale mit ihrem mächtigen Turm. Ursprünglich sollte der Turm sogar 600 Mecheler Fuß hoch werden, das wären 167 m gewesen, der höchste Kirchturm der Welt. Doch der Turm wurde, wie auch andere, nie fertig gebaut. Mechelen liegt sehr zentral in Belgien und auch im belgischen Eisenbahnnetz. Als eine der ersten Städte des Kontinents bekam Mechelen in der ersten Hälfte des 19. Jahrhunderts Bahnanschluss. Vor dem Bahnhof findet sich der Millenaire, der Nullstein des belgischen Eisenbahnnetzes. Belgien hat den Hang zu Großprojekten, die an Kostenexplosionen und verspäteter Fertigstellung leiden. Dazu gehört mittlerweile auch der Bahnhof von Mechelen, der für eine halbe Milliarde umgebaut wird. Als ich im Frühherbst 2020 Mechelen besuche und Bilder eines städtischen Kanals poste korrigiert mich ein in Mechelen geborener Kollege: nein, das ist ein Fluss.

## ❖Lier

Lier gehört zu den schönsten flämischen Kleinstädten und ist mit seinen Kanälen, dem Beginenhof, einem schönen Stadtplatz und dem Zimmer-Turm eine Art Brügge im Kleinen. Wie in Brügge gibt es Kanäle, auf denen man eine Bootstour unternehmen kann. Mit einer flämischen Bekannten machte ich einmal eine solche Bootstour durch die Stadt. Mein Niederländisch war nicht gut genug, alles zu verstehen. Als ich sie fragte, was über die Stadt gesagt wurde, meinte sie, sie verstünde den Lierer Stadtdialekt auch nicht. Dabei war sie aus Mechelen, gerade 20 km von Lier entfernt. Ob der Name der Stadt in englischen Ohren so gut klingt?

### ❖ Herentals

Von einem Besuch in Herentals blieb mir vor allem das freistehende historische Rathaus mit dem schlanken Belfried in Erinnerung. Ein Kollege, der in Brüssel arbeitet, hat eine Frau, welche in den Niederlanden berufstätig ist. So hatten sie sich für Herentals als Wohnstandort entscheiden.

# Weitere Orte

## Turnhout

Turnhout ist eine Spielkartenstadt, hier sitzt der größte Spielkartenhersteller der Welt cartamundi. Nach Turnhout fuhr ich mehrmals, weil es hier zudem ein Spielkartenmuseum gibt. Im Museumsladen konnte ich meine Quartettspielsammlung ergänzen. In Turnhout kommt man an einem schönen historischen Bahnhof an und die Innenstadt hat manche Reize wie einen Beginenhof und ein Wasserschloss.

## Baarle-Hertog

Das Gemeindegebiet von Baarle Hertog liegt teilweise als Exklave in den Niederlanden. Ich bin einmal mit dem Fahrrad von Turnhout hierher geradelt, um mir das anzusehen. Die Landesgrenze geht mitten durch den Ort. Auf dem Pflaster ist sie teilweise eingezeichnet, um das Kuriosum auch touristisch interessant zu machen.

## Kalmthout

Kalmthout ist als Ort nicht besonders sehenswert, aber es gibt hier ein beeindruckendes Arboretum. Einmal fuhr ich an einem sonnigen Herbsttag hin und die Sonne schien so strahlend und die Bäume hatten so schön buntes Laub, dass es einem wie ein kleines Paradies vorkam.

## Hoogstraten

Hoogstraaten ist eine Art Bandstadt, welche sich einer Durchgangsstraße entlang zieht. Weil der Verkehr mitten durchs Stadtzentrum fließt und die meisten Gebäude nicht historisch erscheinen, wirkt die Stadt eher ungemütlich. Höhepunkt ist eindeutig die riesige Katherinenkirche, deren hoher schlanker Glockenturm mit seinem seltsamen Muster aus hellen und rötlichen Backsteinen die Stadtsilhouette dominiert. Eine weniger spektakuläre Sehenswürdigkeit ist der Beginenhof.

## Mol

Mol animierte mich zu einem Social Media Wortspiel. Ich postete Mol ist ein Loch, aber kein Moloch. Beim Umsteigen hatte ich im Sommer 12 Minuten Zeit und schaffte es gerade noch zu einem belebten Innenstadtplatz einer scheinbar passablen Stadt.

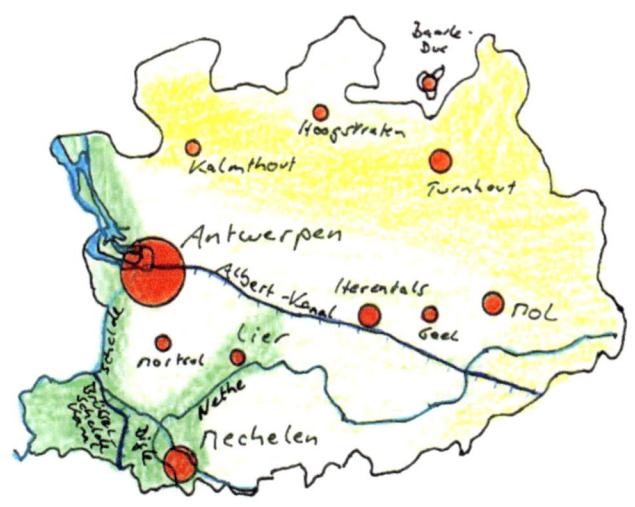

**Besuchte Städte in der Provinz Antwerpen: 8 (alle, 11 Orte insgesamt)**

**<u>Top 20 Flandern/Top 40 Belgien/Top 100 Benelux:</u>**
**Antwerpen, Mechelen, Lier, Herentals.**

**Andere Orte:**
Baarle Hertog, Hogstraten, Kalmthout, Mol, Mortsel, Geel, Turnhout.

## 1.3 Provinz Ostflandern

<u>Die Städte, welche mich am meisten beeindruckten</u>

### ❖❖Gent

Gent war im Mittelalter die nach Paris zweitgrößte Stadt Westeuropas. Als die Protestanten in die nördlichen Niederlande vertrieben wurden begann die Stadt in eine Stagnation zu verfallen, was aber auch zum Überleben des großen Altstadtkerns beigetragen hat. Zur Weltausstellung in Gent im Jahr 1913 wurden am Grasmarkt in der Innenstadt etliche historische Gebäude renoviert und die Silhouette um neogotische Gebäude wie ein Postamt ergänzt. Die beiden Weltkriege überstand Gent ohne größere Schäden und die Modernisierungswellen der Nachkriegsjahrzehnte ließen die Altstadt weitgehend intakt.

So hat Gent heute eine der größten und beeindruckendsten Altstädte Europas aufzuweisen. Im Kern gotisch, aber mit Gebäuden aus allen Epochen. Beeindruckende Kirchen aus grauem Stein, Wasserwege, auf denen Touristenboote verkehren, eine Wasserburg im Zentrum und eine Tram, welche die Stadt durchquert. Gent überrascht mit seiner Lebendigkeit und seiner Vielfalt. Nicht zu viele und nicht zu wenige Touristen, nicht zu klein und nicht zu groß. Gent ist ein kleines urbanes Mirakel, welches immer wieder einen Besuch wert ist.

### ❖ Sint-Niklaas

Als Geograph fuhr ich einmal nach St. Niklaas, weil es hier ein Mercator-Museum gibt. Gerardus Mercator (1512-1594), nach dem die Mercator-Projektion benannt ist, wurde in Rupelmonde unweit von Sint-Niklaas geboren.

Ansonsten reklamiert die Stadt den größten belgischen Marktplatz für sich. Dort stand schon mal der größte

Christbaum Europas und einmal war hier das größte Osterei zu sehen.

## ❖ Dendermonde

Dendermonde und Aalst pflegen eine lange historische Rivalität. Mit ihrem historisch geschlossenen Marktplatz, den vielen Türmen und den Wasserwegen ist Dendermonde jedoch die schönere Stadt. Aalst ist allerdings doppelt so groß.

## ❖Aalst

Aalst ist eine dieser zahlreichen großen flämischen Mittelstädte mit historischer Architektur im Zentrum. Mir in Erinnerung blieben dabei der Bahnhof, ein seltsamer burgartiger historistischer Backsteinbau und der gotische Belfried. Am Bahnhofsplatz auf Metallstreifen der Name der Stadt als Bandwurm (AALSTAALSTAALST..). Darin sind drei niederländische Worte enthalten: Staal, Taal (Sprache) und Aal. In Alst ist der erste flämische Buchdrucker Dirk Martens (1446-1534) geboren. In den letzten Jahren kam Aalst wegen seines Karnevals in die Schlagzeilen. Die Darstellung der Juden wurde dabei als antisemitisch empfunden. Die Karnevalisten rückten jedoch aus Trotz nicht von diesen Darstellungen ab. Die Stadt bat, den Karneval aus dem immateriellen UNESCO-Kulturerbe zu streichen.

Weitere Städte

## Oudenaarde

Auch Oudenaarde ist reich an historischer Architektur, aber weniger geschlossen als andere flämische Mittelstädte der Provinz, da der erste Weltkrieg wegen der nahen Front größere Schäden hinterlassen hat.

## Gerardsbergen

Ganz im Süden Flanderns, dicht an der Sprachgrenze und in einer hügeligen Gegend, den flämischen Ardennen, liegt die Mittelstadt Gerardsbergen, eine der ältesten Städte des Landes. Bereits im Jahre 1068 erhielt das am Fluss Dender gelegene Geraardsbergen das Stadtrecht. Als ich die Stadt im März 2021 besuche fällt mir die bewegte Topografie auf, mit einem kanalisierten Fluss am tiefsten Punkt der Stadt und dem deutlichen höher gelegenen Marktplatz mit seinem auffallendem Backsteinrathaus, welches einen gotischen Kern hat, aber im 19. Jahrhundert neogotisch aufgepeppt wurde und deshalb ein bisschen künstlich wirkt. Interessanterweise findet sich am Marktplatz auch eine Manneken Pis-Brunnenfigur, welche sogar älter ist als die in Brüssel.

## Ronse

Ronse liegt an der Sprachgrenze und das Besondere an der Stadt ist der Bahnhof, einst der alte Bahnhof von Brügge, der dort abgebaut wurde, in Ronse aber verkehrt herum wieder aufgebaut wurde, was aber nicht besonders auffällt.

## Lokeren

Im September 2021 besuche ich Lokeren, die letzte Stadt in Ostflandern, welche mir in meiner Sammlung noch fehlte. Lokeren ist unspektakulär, aber angenehm. Vom Bahnhof ist man schnell in der Innenstadt und überquert dabei den Fluss Durme, wobei rechterhand die neogotische Architektur des ehemaligen Postamtes auffällt. Westlich der Brücke sind Boote zu sehen, östlich der Brücke scheint die Durme nicht schiffbar zu sein. Hier markieren Flaggen der 27 EU-Mitgliedstaaten das Ufer, wobei die belgische Flagge schon recht zerzaust ist. Lokeren hat einen riesigen Marktplatz, eine Kirche aus dem Jahre 1725 deren Turm die Stadtsilhouette dominiert und ansonsten eher wenige Sehenswürdigkeiten.

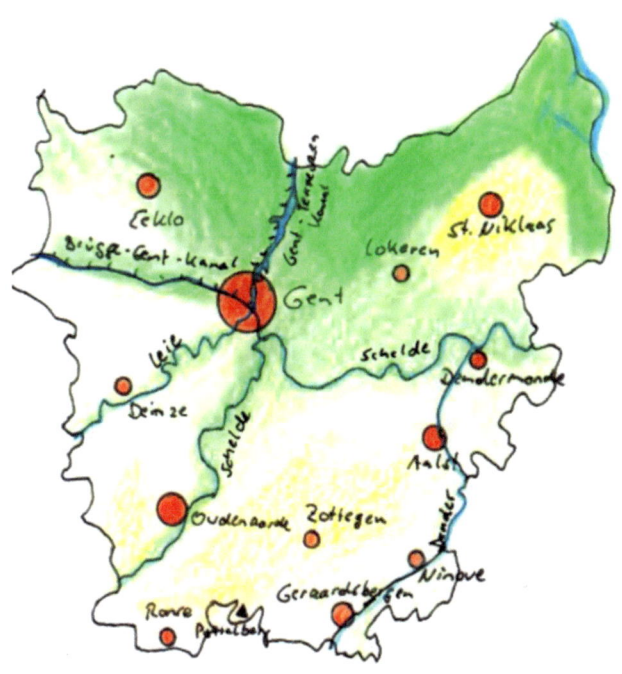

Besuchte Städte in der Provinz Ostflandern:

**Top 20 Flandern/Top 40 Belgien/Top 100 Benelux:**
**Gent, St. Niklaas, Aalst, Dendermonde.**

**Andere Orte:**
Deinze, Eeklo, Geraardsbergen, Lochristi, Lokeren, Oudenaarde, Ronse, Zottegem.

## 1.4 Provinz Westflandern

Die Städte, welche mich am meisten beeindruckten

❖ ❖Brügge

*Bruges la morte*, das tote Brügge, das ist der Titel eines Romans von Georges Rodenbach (1892), traf aber auch lange Zeit für die Stadt zu, welche sich ihr wunderbares historisches Stadtbild bewahren konnte. Im Mittelalter war Brügge durch seine hoch entwickelte Textilproduktion eine der größten und reichsten Städte Westeuropas. Doch der Hafen versandete und schließlich bekam Antwerpen die Oberhand als Handelsstadt. Brügge blieb deshalb von modernen industriellen Entwicklungen weitgehend verschont. Das gut erhaltene Stadtbild lässt allerdings den Tourismus immer mehr wachsen und Brügge wird nicht nur wegen seinen Kanälen immer mehr over-touristed, zu einem Venedig des Nordens, einer Stadt mit einer einseitig auf den Tourismus ausgerichteten Wirtschaftsstruktur. Durch die vielen Souvenirläden, Hotels, Stadtführungen, Kutschenfahrten etc. entsteht auch ein bisschen eine Disneylandatmosphäre. Brügges Altstadt ist allerdings so groß, dass man trotz der vielen Touristen doch noch ruhige Ecken findet.

Touristenboote in Brügge

26

## ❖ Damme

Damme war einst der Hafen Brügges und mit Brügge ist die Stadt noch heute über einen 5 km langen Kanal verbunden. Heute hat Damme die beschauliche Atmosphäre eines Künstlerdorfes, gilt als sonntägliches Ausflugsziel und zeigt ein historisch geschlossenes, angenehmes Ortsbild.

## ❖ Ypern

Ypern ist eine Stadt mit mittelalterlichem Stadtbild und den beeindruckenden Tuchhallen am Marktplatz. Man glaubt kaum, dass man Rekonstruktionen historischer Gebäude vor sich hat. Die nahe der Frontlinie gelegene Stadt wurde bereits im Ersten Weltkrieg völlig zerstört, von den 1920er bis 1960er Jahren jedoch im historischen Stil wieder aufgebaut. Der großen Altstadt merkt man es an, dass Ypern historisch mit Gent und Brügge zu den drei wichtigsten Städten Flanderns zählte. Bei meinem Besuch im September 2021 wurde die wiederaufgebauten Tuchhallen gerade wieder saniert.

Tuchhallen von Ypern

## ❖ Veurne

Anders als Diksmuide und Ypern kam Veurne glimpflich durch den 1. Weltkrieg. Die Dichte historischer Gebäude um den Marktplatz herum beeindruckt noch heute. Der surrealistische belgische Maler Paul Delvaux lebte bis zu seinem Tod 1994 mehr als ein Jahrzehnt in Veurne. Im Stadtpark ist deshalb ein Denkmal für den Künstler zu sehen. Eine Vielzahl öffentlicher Skulpturen machen Veurne auch sonst zu einer Stadt der Kunst.

Marktplatz von Veurne

## ❖ Ostende

Ostende ist mit über 70 000 Einwohnern die größte Stadt an der weniger als 70 km langen belgischen Nordseeküste. Manchmal wirkt Ostende sogar ein klein wenig groß-städtisch. Das liegt an den vielen Besuchern und an der Tatsache, dass fast die ganze belgische Küste von endlosen Apartmentgebäudeketten bebaut ist, die manchmal wie ein einziger riesiger Gebäuderiegel wirken. Einerseits baulich abschreckend, andererseits von ehrlicher Konsequenz. Ostende ist auf jeden Fall der urbanste Knotenpunkt des Küstenbauriegels. Hier kommt man schon an einem repräsentativen Bahnhof an und hat gleich ein Hafenbecken vor sich, wo Schiffe zu sehen sind. Ostende bietet so auch viel mehr maritime Sehenswürdigkeiten als die anderen Küstenorte. Auch die Kunst ist in Ostende stärker vertreten, mit mehreren Kunstmuseen und über die Stadt verstreuten Plastiken.

## ❖ Diksmuide

Diskmuide lag an der Front und wurde im 1. Weltkrieg völlig zerstört. Was heute von der Altstadt zu sehen ist, sind alles Rekonstruktionen. Als Wiederaufbaustadt aus einem Guss und voller Schautafeln, die an den Krieg erinnern, ist Diksmuide nicht uninteressant. Am Rand der Stadt der etwas düstere Yser-Turm, der nach dem 1. Weltkrieg erbaut, dann von Aktivisten gesprengt und dann nochmal in Beton errichtet wurde. Er war Anlaufstätte für Nazis, dann für Neo-Nazis. Noch heute ist er für flämische Nationalisten ein wichtiges Symbol. Dabei erreicht man ihn durch ein Tor, auf welchem in großen Lettern Pax steht.

## Weitere Orte

### Kortrijk

Die große flämische Mittelstadt Kortrijk hat einen schönen Marktplatz mit Kathedrale und mittelalterlichem Rathaus, einen sehenswerten Beginenhof, den Fluss Leie mit den Broel-Türmen an der Brücke und ein interessantes Textilmuseum. Trotz all dieser Sehenswürdigkeiten finden nur wenige Touristen den Weg nach Kortrijk, was auch an fehlenden Souvenirläden zu sehen ist. Kortrijk fehlt es allerdings auch an Atmosphäre und kann in seiner Anmutung nicht mit den größeren flämischen Städten mithalten.

### Knokke-Heist

Knokke ist der exklusivste Badeort an der belgischen Küste, mit teilweise lockerer Bebauung im Villenstil und hat entsprechend hohe Immobilienpreise. Richtung niederländischer Grenze findet man Graslandschaften und ursprüngliche Dünen. Kaum wo ist die belgische Küste natürlicher als an den Grenzen zu den Nachbarländern.

### Tielt

Was an der kleinen Stadt Tielt auffällt, sind die Straßenbahnschienen am Marktplatz. Das sind die Reste einer Kleinbahn, welche Tielt einst mit Gent verband. Tielt ist eine kleine, aber mit dem Belfried am Marktplatz doch sehenswerte Stadt. Einziger Wermutstropfen: das Zentrum ist recht weit vom kleinen Bahnhof entfernt, welcher in brutalistischem Baustil gehalten ist. Auf dem Weg zur Innenstadt kommt man an einem interessanten neo-brutalistischen Gebäude vorbei.

## Poperinge

In Poperinge gibt es einen sehenswerten Marktplatz mit neogotischem Rathaus und der wuchtigen St. Bertinuskirche. Als ich die Stadt im September 2021 besuche fällt mir am Marktplatz das Meester Ghybe-Denkmal auf, eine Art Don Quichotte bzw. Tyll Eulenspiegel Poperinges. Im Mittelalter setzten die mächtigen Städte Gent, Brügge und vor allem die Nachbarstadt Ypern, die heute für ihre Tuchhallen bekannt ist, durch, dass Poperinge die Tuchproduktion verwehrt wurde. Mit Meester-Ghybe-Spott konnte man seinen Frust loswerden. Poperinge setzte später auf die Hopfenproduktion und ist damit wichtig für das Bierland Belgien. Bei meiner Radtour komme ich am Rande des Stadtgebietes an Hopfenfeldern vorbei. Dass Poperinge im Mittelalter schon bedeutend war, zeigt sich an drei größeren Kirchen die in verschiedenen Winkeln der Stadt zu finden sind. Im Ersten Weltkrieg war Poperinge Standort britischer Truppen. Diese nannten die Stadt einfach Pop und waren vernarrt in die örtliche Schönheit Eliane Cossey (`Ginger´), deren Denkmal am damals von Soldaten frequentierten Pub a la Poupée zu finden ist.

## De Haan

De Haan ist praktisch die einzige Stadt an der belgischen Küste, in welcher an der Küstenlinie die alte Bebauung mit historischen freistehenden Häusern, meist aus der Belle Epoque, erhalten geblieben ist, während diese in anderen Küstenorten durch Batterien von Apartmenthäusern ersetzt wurde. De Haan ist dadurch etwas Besonderes in Belgien.

## Menen

Menen ist eine Mittelstadt mit einzelnen eher mäßig interessanten historischen Bauten. Das Einzige, was von einem Besuch im September 2021 in Erinnerung blieb war ein Rathaus mit heller Putzfassade an dessen Seite ein achteckiger historischer Turm mit Ziegelfassade steht.

**Mesen**

Von Durbuy ist oft zu lesen es wäre die kleinste Stadt Belgiens. Dabei ist es Mesen. Mesen ist zwar klein, mit nur wenigen sehenswerten historischen Gebäuden, hat aber sehr viele Denkmäler, die meisten davon auf dem Marktplatz, welche an den 1. Weltkrieg erinnern. Es gibt sogar ein Denkmal für die neuseeländischen Soldaten.

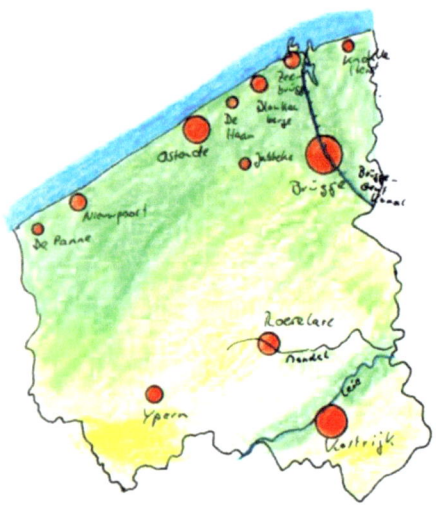

**Besuchte Städte in Westflandern: 22 (alle).**

<u>**Top 20 Flandern/Top 40 Belgien/Top 100 Benelux:**</u>

**Brügge, Ostende, Ypern, Damme, Veurne, Diksmuide**

**Andere Orte:** Roeselare, Blankenberge, Bredene, De Haan, Gistel, Harelbeke, De Panne, Jabbeke, Kortrijk, Knokke-Heist, Menen, Oudenburg, Tielt, Torhout, Waregem, Wervik.

## 1.5 Provinz Limburg

<u>Die Städte, welche mich am meisten beeindruckten</u>

### ❖ Hasselt

Hasselt ist die quirlige Hauptstadt der dynamischen belgischen Provinz Limburg. Was Hasselt an mittelalterlicher Altstadt fehlt, macht es durch progressive innovative Architektur und Stadtplanung wett. Hasselt (78 000 Einwohner) ist städtebaulich immer in Bewegung und wirkt größer als es ist. Anders als in den ähnlich großen Städten Mons und Mechelen, hat man hier den 1950er Jahre Bahnhof belassen, statt Millionen in ein gigantomanisches Bahnhofs-Neubauprojekt zu stecken, welches immer teurer und nie fertig wird. Andererseits am Bahnhof fast dystopisch auf einer Anhöhe drohend, die ungewöhnliche fast biomorphe Architektur eines Gerichtsgebäudes, entworfen durch den deutschen Architekten Jürgen Mayer H (*1965). Auch in der Altstadt immer wieder Kombinationen von alt und. Beispielsweise am Rathaus zu sehen, welches von einer kühnen Glaskonstruktion überragt wird. Die Gegend um einen Stichkanal wurde wiederum zu einem attraktiven innenstadtnahen Wohngebiet entwickelt (Quartier Bleu).

*Quartier Bleu in Hasselt*

33

Es gibt sogar Pläne, Hasselt und Maastricht mit einer neuen Stadtbahn zu verbinden. Wie Antwerpen sieht sich Hasselt auch als Modestadt.

### ❖ Tongeren

Tongeren geht auf ein römisches Feldlager zurück und gilt deshalb als älteste belgische Stadt. In Tongeren gibt es sogar eine Stadtmauer aus der Römerzeit. Auch sonst ist diese lebendige Mittelstadt reich an architektonischen Sehenswürdigkeiten, wie einer Basilika und einem großen Marktplatz. Bei einem Besuch im Mai 2021 erkunde ich das atmosphärische Beginenhofviertel im Südosten der Altstadt mit seiner geschlossenen historischen Bebauung und seinen engen Gassen. Auf der anderen Seite der Stadtmauer hat man in den letzten Jahren den zugeschütteten Fluss Jeker wieder ans Tageslicht gebracht, was die Attraktivität des Viertels weiter erhöht hat. In Fachkreisen wird die Gewässerfreilegung auch Daylighting oder deculvertisation genannt.

*Fluss Jeker in Tongeren*

### ❖ St. Truiden

St. Truiden ist eine große Mittelstadt (40 000), die besonders durch ihren Marktplatz glänzt, auf welchem wiederum das Rathaus aus dem 18. Jahrhundert mit seinem schlanken Turm, seinen kräftigen Farben und den spätbarocken Formen hervorsticht.

Weitere Orte

### Maaseik

Maaseik ist eine behagliche Mittelstadt mit riesigem Marktplatz und architektonisch weitgehend geschlossener historischer Altstadt. Ich fuhr im Mai 2021 in die Stadt, um das Denkmal für die Gebrüder Eyck zu sehen, wobei der Maler Jan van Eyck der eindeutig berühmtere der beiden ist.

## Genk

Genk ist eine von ihrem Stadtbild nur mäßig attraktive große Mittel- und ehemalige Bergbaustadt. Am interessantesten sind die ehemaligen Zechen, so C-Mine, die zu einem Kulturzentrum entwickelt wurde. Hier schaue ich mir einmal die Ausstellungsobjekte im Rahmen einer Kunsttriennale an. In Belgien ist Genk zudem für seinen Fußballclub und sein Freilichtmuseum Bokrijk bekannt.

## Maasmechelen

Maasmechelen ist eine amerikanisch anmutende Boomstadt. Maasmechelen zieht sich scheinbar ohne Zentrum eine Straße entlang und was auffällt sidn die vielen prächtigen Häuser, eigentlich schon Villen, die an der Straße stehen. Auch scheinen hier viele Holländer zu wohnen, denn hier kann man den Wohlstand viel besser zeigen als im protestantisch zugeknöpften Nachbarland.

## Peer

In Peer, was übersetzt Birne heißt, meint man, dass Peter Brueghel der Ältere im zu Peer gehörenden Dorf Grote Brogel geboren wurde. Deshalb finden sich Plakate mit Hinweisen auf den Maler in der Stadt. Peer ist eine mäßig hübsche Kleinstadt mit wenigen herausragenden historischen Gebäuden, darunter das Hotel de Boskaar aus dem 18. Jahrhundert mit seiner bunten Fassade.

*Peer*

## Borgloon

Die kleine Stadt Borgloon hat durch innovativ-skurrile Kappelen in der Landschaft des Hespengaus in Architekturkreisen auf sich aufmerksam gemacht. Zum einen durch *Reading through the lines*, eine 2011 errichtete 10 m hohe Kapelle, welche aus hundert aufeinander geschichteten Elementen besteht, jeweils 1 cm dicke, miteinander verbundene Stahlelemente und dazwischen 9 cm Luft. So ergibt sich eine faszinierende Transparenz und die Kapelle sieht je nach Betrachtungswinkel unter-*schiedlic*h aus.

*Reading through the lines*

37

Eine zweite faszinierende Kappelle, die zwevende kapel/ schwebende Kapelle, entworfen vom Künstler Frits Jeuris, kam im Herbst 2019 dazu. Eine Steinkapelle die auf einem Stahlträger sitzt, der in einen Hang hineinragt. Von bestimmten Perspektiven sieht das schwebend aus.

*Zwevende kapel*

**Besuchte Städte in der Provinz Limburg: 14 (alle)**

**Top 20 Flandern/Top 40 Belgien/Top 100 Benelux:**
**Hasselt, Tongeren, St. Truiden, Maaseik**

**Andere Orte:**
Beringen, Bilzen, Borgloon, Bree, Dilsen-Stokkem, Hamont-Achel, Herk de Stad, Lommel, Maasmechelen, Peer,

## 1.6 Provinz Lüttich

Lüttich ist eine vielfältige Region. Von alten kriselnden Schwerindustriestädten bis zu idyllischen Ardennenkurorten ist hier alles vertreten. Überwiegend französischsprachig ist ein Teil der Region, mit etwa 60 000 Einwohnern, deutschsprachig. Von hier pendeln viele zum Einkaufen oder Arbeiten nach Deutschland. Im Norden der Region wird auch nach Maastricht, im Westen auch nach Brüssel gependelt. Im Zentrum der Region das von Schwerindustrie geprägte Maastal.

Die 5 Städte, welche mich am meisten beeindruckten.

### ❖ Lüttich

An Lüttich, der *feurigen Stadt* (cité ardente), die niemals schläft, wird das Auf und Ab der belgischen Wirtschaft deutlich. Einst reiche Stahlstadt, dann niedergehende Industriestadt, versucht man sich in den letzten Jahren durch spektakuläre Architektur nach vorne zu bauen. Ähnliches ist auch in anderen größeren wallonischen Industriestädten zu beobachten. In Lüttich wird das bereits deutlich, wenn man aus dem ICE Brüssel-Frankfurt schaut, der die Stadt durchfährt. Der Zug macht an dem 2007 eröffneten spektakulären Calatrava-Bahnhof halt. Am Ende des Bahnhofsplatzes ragt die spitze Nadel eines neuen Bürohochhauses hervor. Vor dem Turm sind weitere futuristische Gebäude im Bau. Geht man weiter zum Fluss Maas, kommt man über eine moderne Fußgängerbrücke zum Kunstmuseum La Boverie. Viele Ecken der Stadt, vor allem die Flussufer, sind allerdings durch eher plumpe 1960-70er Architektur, teilweise brutalistisch ausgeformt, verbaut. Die landschaftliche Lage Lüttichs ist allerdings spektakulär, was Blicke von den Höhenzügen deutlich machen.

## ❖ Huy

Huy ist eine eindrucksvoll an der Maas gelegene Mittelstadt und erinnert so ein bisschen an Dinant. Auch in Huy gibt es im Zentrum der Stadt eine bedeutende gotische Kirche sowie über der Stadt eine Burg. Huy ist einen Tick größer und weniger idyllisch als Dinant. Im Jahre 2000 sah ich mit einer Freundin Huy eindrucksvoll von oben. Damals gab es noch eine Seilbahn, die über den Fluss und über die Stadt schwebte. Die war in die Jahre gekommen und ist stillgelegt, soll aber, so wie in Namur geschehen, in nächster Zeit saniert und modernisiert werden. Von der Seilbahn aus sieht man auch die Kühltürme des Atomkraftwerks im Stadtteil Tihange. Bis über die Grenze machen sich die Menschen Sorgen wegen diesem in die Jahre gekommenen AKW. In vielen Fenstern in Aachen hängen Plakate, die sich für eine Schließung von Tihange aussprechen.

## ❖ Eupen

Eupen war bis zum 1. Weltkrieg Teil des Deutschen Reiches. Heute gehört es zur Wallonie und gleichzeitig zur deutschsprachigen Gemeinschaft Belgiens, welche sogar einen eigenen Bildungsminister hat. Eupen ist eine propere hübsche Kleinstadt mit, wie oft in Ostbelgien, vielen Natursteinhäusern. Eupen ist Endpunkt einer Bahnverbindung quer durch Belgien, über Lüttich und Brüssel bis zum Nordseebad Ostende. Eine direkte Verbindung mit dem deutschen Bahnnetz gibt es dagegen nicht.

## ❖ Spa

Spa ist im Englischen der Gattungsbegriff einer Bäderstadt. Die Stadt ist von prächtiger und geschlossener Jahrhundertwendebäderarchitektur geprägt. Es gibt jedoch auch moderne Akzente, so einen Schräglift. Im Juni 2021 wurde

Spa mit 11 anderen europäischen Bädern in die UNESCO-Liste des Weltkulturerbes aufgenommen.

### ❖ Malmedy

Der Raum Eupen-Malmedy gehörte bis 1920 zu Deutschland. Malmedy war jedoch eher französischsprachig und gehört deshalb heute nicht zur deutschsprachigen Gemeinschaft Belgiens. Geprägt ist Malmedy dennoch von großzügiger Villenarchitektur des deutschen Kaiserreiches. Im Zweiten Weltkrieg wurde das Zentrum der Stadt zerstört. Dennoch gehört Malmedy, in schöner Landschaft gelegen, zu den stattlichsten Städten Ostbelgiens.

### ❖ Limbourg

Limbourg ist eine putzige Kleinstadt mit einer Unterstadt in der Flussschleife des Vesdre und einer in ihrer historischen Architektur intakten, aber kaum mit Einkaufsmöglichkeiten ausgestatteten Oberstadt. Die auf einem Hügel gelegene Oberstadt erreicht man durch historische Stadttore. Man kann sich an den urigen Fassaden, etliche mit Bruchsteinen und dem ebenso urigen Pflaster kaum sattsehen. Im Sommer machen vor den Häusern stehende Blumentöpfe die Stadt noch atmosphärischer.

### ❖ Verviers

Das Empfangsgebäude des Bahnhofs und das historische Postgebäude zeigen, dass Verviers früher einmal eine wohlhabende Stadt gewesen ist. An prächtigen Stadthäusern und Fabrikantenvillen wird dies ebenfalls deutlich. Der Niedergang der Textilindustrie (Wolle) hat dieser Mittelstadt jedoch zu schaffen gemacht. Die niedrigen Immobilienpreise haben neue Bevölkerungsgruppen angezogen.

In der Region galt Verviers zeitweise als Islamistennest. In Bahnhofsnähe, parallel zu den Schienen, ein großer Parkplatz. Hier lagen einst die Gleise eines dichten örtlichen Kleinbahnnetzes (Vizinalbahnen). Als die Neubaustrecke Lüttich-Aachen noch nicht in Betrieb war, kam ich oft mit dem Zug durch Verviers.

Weitere Orte

## Sankt-Vith

Ganz im Süden der deutschsprachigen Gemeinschaft liegt Sankt Vith. Vielleicht liegt es an der Nähe zum wohlhabenden Luxemburg, dass Sankt Vith so aufgeräumt und proper wirkt. Hier oben ist es allerdings auch recht kühl und als ich Anfang Mai 2021 hier war, war vom Frühling noch recht wenig zu sehen.

## Seraing

Seraing ist eine Stahlstadt an der Maas unweit von Lüttich und versucht bauliche Akzente zu setzen, um sich aus dem Niedergang herauszuarbeiten. Im aufgeräumten erneuerten Zentrum deshalb ein futuristisches Rathaus. Stahlwerke dicht an der Wohnbebauung motivieren aber keine einkommensstärkeren Gruppen, sich hier anzusiedeln. Die Innenstadt ist deshalb von migrantischer Bevölkerung geprägt.

## Herstal

Der Lütticher Vorort Herstal hat eine bewegte Industriegeschichte als Kohle- und Stahlstadt und Sitz des Waffenproduzenten Fabrique National Herstal, welche zeitweise auch Motorräder und Autos herstellte. Die Firma Herstal ist heute im Besitz der Regierung von Wallonien und beschäftigt weltweit immer noch etwa 3000 Personen.

In der Stadt selbst sind historische Produktionsstätten jedoch teilweise aufgegeben worden. Herstal kämpft heute um Identität und Zukunft. Architektonisch ist man dabei durchaus wagemutig, was am neuen Bahnhofsgebäude und am Rathaus abzulesen ist. Dieses Zeichensetzen macht die Stadt, der ein gemütliches historisches Zentrum fehlt, dennoch interessant.

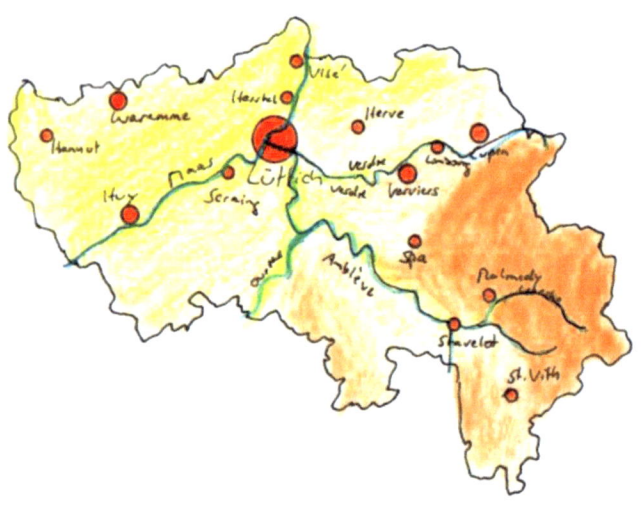

**Besuchte Städte in der Provinz Lüttich: 15 (alle)**

**<u>Top 20 Wallonien/Top 40 Belgien/Top 100 Benelux:</u>**
**Lüttich, Huy, Eupen, Malmédy, Limbourg, Verviers, Spa, Sankt-Vith.**

**Andere Orte:** Visé, Stavelot, Herve, Seraing, Herstal, Waremme, Hannut.

## 1.7 Provinz Luxembourg

In den waldreichen Ardennen gelegen ist die Provinz Luxemburg eher dünn besiedelt. Größere Städte gibt es hier nicht, jedoch manche schön gelegene Kleinstadt. Hier kam ich auf dem Weg nach Luxemburg Stadt oft mit dem Zug durch und stieg auch an allen Bahnhöfen aus. Die Bahnstationen sind jedoch oft in kleineren Ortsteilen, die teilweise nicht mal zu Städten gehören und viele kleinere Städte liegen abseits von Eisenbahnhauptlinien. In dieser Provinz habe ich deshalb erst wenige Städte gesehen.

<u>Die Städte, welche mich am meisten beeindruckten</u>

### ❖ Durbuy

Die kleine, schön an einem Fluss gelegene Stadt Durbuy ist im Sommer ein Touristen-Hotspot. Durbuy zählt mit seinen urigen steinsichtigen Häusern zu den schönsten Kleinstädten der Ardennen. Für Touristen sind zahlreiche Aktivitäten geboten wie Kajakverleih und Minigolf und entsprechend voll ist der Ort an Wochenenden.

## ❖ Arlon

Arlon ist die größte Stadt der Provinz Luxemburg, aber die kleinste Provinzhauptstadt und zudem eine der ältesten Städte Belgiens. Schon die Römer waren in der Gegend aktiv und heute hat Arlon eines der bedeutendsten archäologischen Museen des Landes. Arlon hat eine interessante Topografie, auf dem höchsten Punkt dominiert die Kirche St. Donat die Stadtsilhouette. Von Arlon pendeln viele ins nahe und ökonomisch boomende Nachbarland Luxemburg, während die Stadt selbst etwas verschlafen wirkt

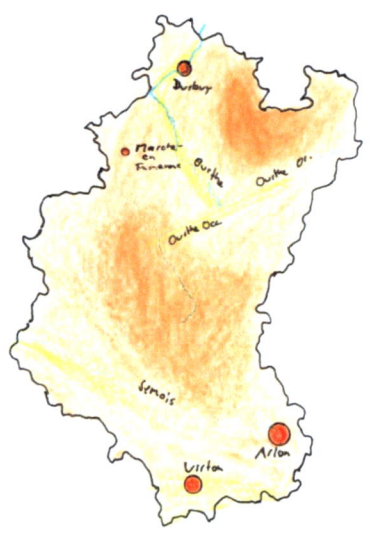

Besuchte Städte in der Provinz Namur: 5 von 13:

Top 20 Wallonie/Top 40 Belgien/Top 100 Benelux:

Arlon, Durbuy

Andere Orte: Saint-Hubert, Marche-en-Famenne, Virton.

46

## 1.8 Provinz Namur

Die Städte, welche mich am meisten beeindruckten

### ❖ Namur

Namur liegt in schöner Landschaft am Zusammenfluss von Maas und Sambre. Hoch über dem Landdreieck, welches die beiden Flüsse bilden, die Zitadelle von Namur, die mit einer modernen Seilbahn erreicht werden kann. Die Altstadt selbst ist unspektakulär, aber gemütlich. An der Maas, dem größeren der beiden Flüsse, sind in den letzten Jahren neue Wohngebiete entstanden. Dass Namur die zentral gelegene Hauptstadt der Wallonie ist, merkt man auch am Bahnhof, der immer weiter als Verkehrsknotenpunkt ausgebaut wird und um den herum sich neue Dienstleistungsbetriebe angesiedelt haben. Dafür wurde sogar ein Teil des Bahnkorridors überbaut.

### ❖ Dinant

Dinant ist wohl eine der am schönsten gelegenen Städte Belgiens. Kommt man vom brutalistischen Bahnhof, stößt man alsbald auf die Brücke über die Maas und auf der anderen Fluss-Seite flankiert ein schmales Häuserband eine beeindruckende Kirche, davor der Fluss und dahinter ein von einer Burg gekrönter Felsen. Auf der Brücke Flaggen von EU-Ländern und riesige Saxophone. Adolphe Sax (1814-1894), Erfinder dieses Musikinstruments, wurde in Dinant geboren. An der Bahnhofsseite der Brücke zudem ein Standbild von Charles de Gaulle, der die Brücke und Stadt im Ersten Weltkrieg gegen die deutschen Truppen verteidigt hat.

*Maasbrücke in Dinant.*

## ❖ Walcourt

In Walcourt beeindruckt die Topografie. Die Altstadt lagert interessant auf einem Höhenzug. Man marschiert mit beeindruckenden Ausblicken die steilen Gassen der Altstadt hoch. Oben sieht man eine Kirche mit originellem Turm, ein Zwiebelturm mit vier kleine Seitentürmchen. Der ansteigende Grand Place wird eindrucksvoll von diesem wuchtigen Bauwerk abgeschlossen.

## ❖ Couvin

Couvin ist bevölkerungsmäßig eine Kleinstadt, flächenmäßig nach Tournai jedoch die zweitgrößte Gemeinde Belgiens. Die Kernstadt liegt idyllisch am Eau Noire Fluss. Die grauen steinsichtigen Häuser der Altstadt beeindrucken durch ihre Urigkeit.

# Weitere Orte

## Andenne

Andenne ist eine unspektakuläre Mittelstadt im Pendler-einzugsbereich von Namur. Die Stadt liegt eher mit dem Rücken und der Gewerbeseite zum Fluss Maas. Entsprechende Stadtgebiete sind vom Julihochwasser 2021 überschwemmt worden, während das Zentrum selbst nicht vom Hochwasser erreicht wurde.

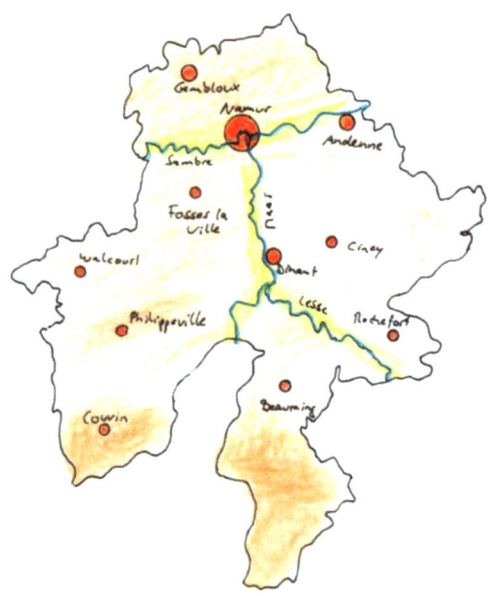

**Besuchte Städte in der Provinz Namur: 11 (alle)**

**Top 20 Wallonien/Top 40 Belgien/Top 100 Benelux:**
**Namur, Dinant, Couvin, Walcourt**

**Andere Orte:** Rochefort, Ciney, Andenne, Gembloux, Fosses-la-Ville, Philippeville.

## 1.9 Provinz Hennegau (Hainaut)

Der Hennegau ist mit seiner kriselnden Schwerindustrie, die ärmste Provinz Belgiens. Neben der als hässlich geltenden Industriestadt Charleroi gibt es jedoch auch hier etliche idyllische Orte und Landschaften, vor allem im äußersten Süden der Region.

Die Städte, welche mich am meisten beeindruckten

### ❖ Mons

Im Jahre 2015 war Mons Europäische Kulturhauptstadt und der landesweit vernetzte Bürgermeister Eli di Rupo hat dies genutzt, die Stadt durch kulturelle Leuchttürme voranzubringen. Nirgends sonst im Hennegau gibt es so viele Museen. Den 1950er Jahre Bahnhof hatte man im Vorfeld abgerissen, um bis 2015 einen neuen spektakulären Bahnhof des spanischen Architekten Santiago Calatrava zu errichten. Das Projekt entwickelte sich jedoch zum Bauskandal, der Bahnhof ist bis heute nicht fertig. Immerhin zeichnet sich mittlerweile seine Kubatur deutlich ab. Neben Tournai ist Mons die Stadt des Hennegaus mit der größten und schönsten Altstadt.

### ❖ Charleroi

Von Strukturproblemen wie kriselnder Schwerindustrie, hoher Arbeitslosigkeit und Innenstadtverfall geprägt, ist Charleroi die Stadt, welche innerhalb Belgiens den schlechtesten Ruf hat. Zeitweise hatte sie wegen des hohen Kriminalitätsniveaus sogar den Beinamen *Chicago an der Sambre*. Manche nenne sie auch *hässlichste Stadt der Welt*. Doch Charleroi versucht, neue städtebauliche Akzente zu setzen, allerdings nicht immer mit Erfolg. Ein neues

Einkaufszentrum in der Unterstadt führte zu einer Verödung kleinerer Läden in der Verbindungsstraße zur Oberstadt. Auch neue kulturelle Einrichtungen konnten noch keine Wende bringen. Am Sambreufer in der Innenstadt jedoch erste zaghafte Aufwertungs- und Gentrifizierungstendenzen. Charleroi ist zudem für Fans brutalistischer Architektur interessant und hat überdies ein interessantes Industriekulturerbe mit lebendigen und originellen Industriekultursehenswürdigkeiten, welche sich durch einen Spaziergang entlang der Sambre erkunden lassen.

*Spazierweg an der Sambre*

## ❖ Tournai

Die Kathedrale von Tournai, auf der UNESCO-Liste des Welterbes verzeichnet, gehört zu den architektonischen Höhepunkten des Hennegaus. Auch sonst ist Tournai eine attraktive große Mittelstadt, mit prächtigem Bahnhof, einem Kanal, der mitten durch die Innenstadt führt, und einer pittoresken Altstadt rund um die riesige Kathedrale. Auch moderne Akzente gibt es, wie das Portal der Architekturfakultät der Universität.

## ❖ Chimay

Als ich im September 2021 die alte Bierstadt Chimay besuche, bin ich sehr angetan von der steinernen Urigkeit und Ursprünglichkeit der Altstadt. Hier gibt es Kirchen, steil abfallende Gassen, urige Gebäude und sogar ein Schloss. Als ich in der Altstadt ein paar Handyfotos mache, ruft eine Frau von einem Balkon, ob ich jemanden suchen würde. So viele fotografierende Touristen scheint es hier gar nicht zu geben.

## ❖ Thuin

Thuin liegt topografisch spektakulär, mit einer Unterstadt an der Sambre, in welcher früher die meisten Arbeitsplätze mit der Binnenschifffahrt zusammenhingen, und einer hoch über der Landschaft auf einem Landrücken thronenden Oberstadt. In großen Lettern ist an der Stadtmauer der Oberstadt folgendes zu lesen: *L´Ombre n´a pas encore entendu son emprise sur nos esperances. Der Schatten hat noch nicht unsere Hoffnungen erreicht.* Auf der anderen Oberstadtseite so genannte hängende Gärten. Dazwischen urige schmale Gassen entlang alter Gemäuer. Ein bisschen fehlt es der Oberstadt an Leben, aber interessante Gebäude und verwunschene Ecken hat sie allemal.

## Andere Orte

### La Louvière

Unter Binnenschiffsexperten ist La Louvière für seine historischen Schiffshebewerke bekannt. Durch das neue riesige Schiffshebewerk Strépy-Thieu sind sie eigentlich überflüssig geworden aber in der Wallonie war man fleißig darin, Dinge auf die UNESCO-Weltkulturerbe setzen zu lassen und so geschah es auch mit den 4 historischen Schiffshebewerken.

### Binche

Die unspektakuläre Kleinstadt Binche ist vor allem wegen ihrem Karneval bekannt, der mittlerweile auf der UNES-CO-Liste des immateriellen Kulturerbes verzeichnet ist. Einmal fuhr ich dort hin und mir gelang es tatsächlich, eine der von den prächtig ausstaffierten Gilles geworfenen Orangen aufzufangen. Sogar der belgische Prinz war damals unter den Zuschauern zu sehen.

### Antoing

Die kleine, an der Schelde gelegene Industriestadt Antoing hat nur wenige Sehenswürdigkeiten. Dazu gehört ein Rathaus mit rötlicher Fassade und eine über der Stadt thronende Burg.

### Mouscron

Mouscron liegt so nahe an Frankreich, dass man fast von der Endstation der Metro Lille in Tourcoing herüberlaufen kann. Architektonisch ist diese Mittelstadt eher unbedeutend, doch ein Gebäude fällt auf. Ein scheinbar gotisches Rathaus in vermeintlich flämischen Stil. Es handelt sich jedoch um ein neogotisches Gebäude aus dem Jahre 1890 errichtet durch einen Architekten aus Brügge. Vermutlich hat es auch den Zweck, daran zu erinnern, dass diese Region im Mittelalter Teil Flanderns war.

## Ath

Ath ist eine sehenswerte Mittelstadt mit großer Altstadt, die eine Mischung von historischer Architektur mit Gebäuden neueren Datums zeigt. Wirkliche architektonische Höhepunkte gibt es zwar nicht, aber immerhin eine Vielzahl sehenswerter Kirchen und einen stattlichen Bahnhof.

## Fontaine-L´Évêc

Die Metro von Charleroi bringt einen, an Schwerindustrievierteln vorbei, direkt in den soliden Vorort Fontaine-L´Évêc. Was Fontaine-L´Évêc interessant macht, ist ein Schloss in einem Park, welches die Stadtverwaltung beherbergt. Sonst fehlt es etwas an herausragender Architektur.

## Lessines

René Magritte (1898-1967) wurde in Lessines geboren. Unweit vom Bahnhof ein René Magritte Standbild und auch sonst in der Stadt viele Hinweise auf den Künstler, wie mit Magritte-Motiven bemalte Wände oder Schülermalaktionen, die sich auf Magritte beziehen. Mich überrascht jedoch, dass ich auf dem Bahnhofsplatz selbst keine Büste von Magritte finde, sondern eine für den rumänischen Bildhauer Brancusi. Eine besondere Sehenswürdigkeit ist das alte Krankenhaus Notre-Dame á la Rose und der zugehörige Heilkräutergarten. Leider habe ich bei meinem Besuch im September 2021 zu wenig Zeit, mir diesen genauer anzuschauen.

## Châtelet

In Châtelet fällt der riesige Bahnhof auf. Das Gebäude steht jedoch weitgehend leer. Nur ein kleiner Raum dient dem Fahrkartenverkauf. Dort findet sich auch ein Bücherleih-kasten, aus welchem man sich bedienen kann. Der ist mit Motiven von René Magritte bemalt. Denn Magritte hatte seine Jugend in der Stadt verbracht. Überquert man vom Bahnhof über eine Brücke die Sambre, steht man schon bald vor dem stattlichen Magritte-Haus. Magrittes Mutter verließ das Haus einst im Nachthemd, um sich von einer Brücke (war es diese?) in die nahe Sambre zu stürzen. Der junge René soll dabei gewesen sein als die Leiche ein paar Tage später aus dem Wasser gezogen wurde. Das Bild des vom Nachthemd bedeckten Gesichtes sollte einen starken Eindruck auf ihn hinterlassen haben und sich später als Motiv in verschiedenen Magritte-Gemälden widerspiegeln.

Ansonsten ist Châtelet eine eher unspektakuläre, jedoch solide wirkende Mittelstadt, als Vorort von Charleroi mit eher geringer Zentralität ausgestattet. Neben verschiedenen Bezügen zu Magritte fällt lediglich die recht große Peter und Pauls Kirche aus dem 19. Jahrhundert auf.

## Comines-Warneton

Comines liegt in einem exterritorialen Flecken zwischen Westflandern und Frankreich westlich vom übrigen Henne-gau. Die Stadt wirkt solide, aber unspektakulär, bemerkens werte Architektur fehlt hier. Im Mittelalter lag das Stadtzentrum südlich des Flusses Leie, der heute die Grenze zu Frankreich bildet. Der alte Marktplatz mit Rathaus im flämischen Stil in Comines (Frankreich) wurde jedoch bereits im 1. Weltkrieg zerstört. Damals baute man zerstörte Städte im historischen Stil wieder auf. Für die Stadtkirche wählte man jedoch einen ungewöhnlichen neo-byzanti-nischen Stil. Schaut man von der belgischen Seite nach

Frankreich hinüber, sieht man deshalb eine sehr interessante Stadtsilhouette.

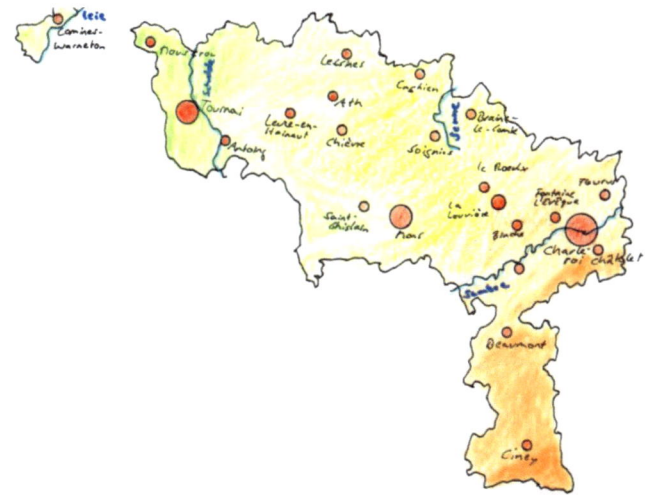

Besuchte Städte in der Provinz Hainaut: 23 (alle).

**Top 20 Wallonien/Top 40 Belgien/Top 100 Benelux:**
**Charleroi, Mons, Tournai, Chimay, Thuin.**

Andere Orte: Ath, Antoing, Braine-le-Comte, Binche, Enghien, Fleurus, La Louvière, Leuze en Hainaut Saint-Ghislain, Soignies.

# 2. Niederlande

Die Niederlande sind eines der Länder mit der größten Dichte an sehenswerten Städten. Die Städte sind meist in ihrer ansehnlichen historischen Architektur gut und geschlossen erhalten und dennoch fehlen moderne Impulse nicht. Wo es starke Kriegszerstörungen gab, wie in Rotterdam, macht kühne moderne Architektur fehlende historische Bausubstanz wett. Zahlreiche Wasserwege, oft innerstädtische Kanäle mit kleinen Brücken, stellen zusätzlich optisch attraktive Elemente dar. Zentren sind zudem fußgänger- und fahrradfreundlich und meist verkehrsberuhigt. Zudem ist die wirtschaftliche und demographische Lage allgemein gut. Schrumpfende, niedergehende Städte gibt es eigentlich nicht.

| Provinz | Städte über 20 000 Einw. | Besucht | Top 55 NL |
|---|---|---|---|
| Limburg | 19 | 12 | 6 |
| Nord Brabant | 44 | 9 | 6 |
| Zeeland | 11 | 5 | 4 |
| Zuid Holland | 47 | 12 | 9 |
| Noord-Holland | 33 | 10 | 10 |
| Utrecht | 19 | 4 | 3 |
| Flevoland | 6 | 2 | 2 |
| Gelderland | 41 | 5 | 4 |
| Overijssel | 22 | 5 | 5 |
| Drenthe | 11 | 1 | 1 |
| Groningen | 9 | 3 | 1 |
| Friesland | 12 | 4 | 4 |
| Niederlande | 274 | 72 | 55 |

## 2.1 Limburg (NL)

Ganz im Süden des Landes, katholisch und nahe Belgien und Deutschland, wirkt die Provinz Limburg schon ein bisschen belgisch bzw. rheinländisch und anders als die protestantischen Niederlande `nördlich des Moordijk´. Die Städte sind, was Kneipen und Restaurants betrifft, etwas belebter als die im Norden.

### Die Topstädte

### ❖Maastricht

Ganz im Süden der Niederlande, katholisch und mit guter Küche, hat die Stadt fast so viel belgischen wie niederländischen Charakter. In Westeuropa zentral gelegen, nahe zu Deutschland und Belgien, ist Maastricht seit den Maastricht-Verträgen irgendwie auch eine Europastadt. Die Qualität der Universität ist gut, hier studieren viele internationale, auch deutsche Studenten. Schön an der Maas gelegen mit langer, auf die Römer zurückgehender Geschichte, ist Maastricht mit seiner belebten Altstadt immer einen Besuch wert. Allerdings leidet die Stadt ab und zu unter Überschwemmungen. Für mich ist immer der in einem umgewidmeten kirchlichen Gebäude eingerichtete Buchladen Dominicanen, welcher als einer der schönsten weltweit gilt, ein wichtiger Anziehungspunkt.

*Buchladen Dominicanen*

## ❖ Roermond

Als ich im Jahre 2012 erstmals Roermond besuchte empfand ich die Stadt als quirlig, lebendig und hübsch. Und eine gute Mischung von alter und neuer Architektur. Ein Social Media Posting mit Blumen, Brücken und Schiffen löst viele `gefällt mir´- Reaktionen aus.

## ❖ Heerlen

Heerlen ist eine moderne Stadt, ohne großen historischen Altstadtkern. Das bedeutendste Gebäude, ein Kulturzentrum mit Glasfassade, das ehemalige Kaufhaus Schunck, ist in modernem Internationalem Stil gehalten. Das Besondere daran ist jedoch, dass es trotz seines frischen zeitlosen Aussehens bereits im Jahre 1935 erbaut wurde und damit sozusagen Pioniercharakter hatte.

## ❖ Thorn

Thorn, auch *weißes Dorf* genannt, ist ein in seiner historischen Architektur gut erhaltenes hübsches Dorf mit überwiegend weiß gestrichenen Ziegelgebäuden. Im Jahr

2012 komme ich hier mit dem Fahrrad durch und bin sehr angetan. Seit 2007 gehört Thorn zur neu geschaffenen Gemeinde Maasgouw.

## ❖ Valkenburg

Mit seiner bewegten Topografie, den kleinen Straßen mit vielen Bierkneipen und der Burgruine über der Stadt, hat Valkenburg fast schon den Charakter einer belgischen Kleinstadt. Das Empfangsgebäude des Bahnhofs mit seiner originellen Mergelsteinfassade wurde im Jahre 1853 erbaut und ist damit das älteste der Niederlande.

## ❖Weert

Weert hat einen der schönsten Bahnhöfe der Niederlande. Allerdings gibt es von dort keine direkte Zugverbindung nach Belgien. Weil auch kein Bus fuhr und am Bahnhof keine Taxis waren, musste ich im Juli 2021 die 15 km nach Hamont-Achel zu Fuß gehen. Vorher konnte ich mir noch Weert anschauen, wie die meisten holländischen sehenswert, mit großer, gut erhaltener Altstadt, mit einem behaglichen Marktplatz und der spätgotischen St. Martinuskirche, jedoch nur wenigen Wasserläufen. Als ich die Stadt besuche fällt mir auf, dass viele Bewohner sich von Fast Food ernähren und übergewichtig sind.

## 2.2 Brabant (NL)

### ❖ Breda

An Breda fällt die Quirligkeit der Innenstadt mit den vielen belebten Restaurants und Kneipen auf. Hier ist man nicht im protestantischen Norden, sondern im katholischen sinnenfrohen Süden des Landes und fühlt sich fast ein bisschen in Belgien. Dass Breda schon lange eine bedeutende Stadt ist, sieht man an der riesigen Altstadt und ihrer historischen Architektur und dem mit 97 m recht hohen Turm der spätgotischen Liebfrauenkirche. Breda war auch eine lange umkämpfte Festungsstadt, zeitweise stritten sich Spanier und Holländer um sie, was in Velazquez Gemälde *Die Übergabe von Breda* verewigt ist. Als ehemalige Festungsstadt ist Bredas Innenstadt auch von Wassergräben umgeben. Am Rand der Innenstadt setzen moderne Gebäude Akzente.

*Neue Architektur in Breda*

## ❖ Tilburg

Wie Breda ist Tilburg eine lebendige Stadt voller Kneipen und Restaurants. Tilburg ist jedoch ein bisschen kleiner und weniger von historischer Architektur geprägt. In den Niederlanden hat die Stadt eher den Ruf, hässlich zu sein. In der Altstadt finden sich nicht so bedeutende Kirchenbauten wie in Breda und um die Innenstadt sind viele moderne Hochhäuser zu sehen. Tilburg ist zudem weit weniger von Wasserläufen geprägt als Breda. Der Bahnhofsuhrturm von Tilburg ist jedoch originell. Er erinnert an eine gigantische Wäscheklammer und hat deshalb den Beinamen *Wasknip*. Auch das Bahnhofsdach ist schwungvoll originell.

## ❖ Eindhoven

Eindhoven ist eine Stadt von Technik und Wissenschaft und wird wegen Philips auch Lichtstad genannt. Im Krieg stark zerstört, zeichnet sich Eindhoven eher durch moderne Sehenswürdigkeiten als durch eine historische Altstadt aus. Schon der 1950er Jahre Bahnhof hat eine technische Anmutung, denn Vorbild für die Kubatur war ein Philips-Radio aus den 1950er Jahren.

Dann gibt es noch ein Museumsgebäude, welches wie ein Ufo aussieht und eine Fahrradgarage, deren Eingang an ein Gürteltier erinnert.

## ❖ S´Hertogenbosch

S´Hertogenbosch hatte einst einen der prächtigsten Bahnhöfe der Niederlande. Er konnte sogar mit Amsterdam CS mithalten. Von der alten Architektur sind jedoch nur einzelne Bahnsteigdächer erhalten. Ein modernes architektonisches Highlight der Stadt ist jedoch die futuristische Kugelhaussiedlung Bolwoningen im Norden der Stadt, eine Siedlung bestehend aus 50 Beton-Kugelhäusern. Diese wurden 1984 erbaut, entworfen vom Künstler/Bildhauer Dries Kreijkamp (1937-2014) und gefördert im Rahmen eines Projektes zum experimentellen Städtebau. Obwohl die Wohnungen mit nur 55m2 auf drei Ebenen klein sind, schienen bei meinem Besuch im Juli 2021 alle belegt und in gutem Zustand ohne Vandalismusspuren zu sein. Einige Bewohner saßen zu Gartenfesten zusammen. Die Häuser strahlen weiterhin Charme und Witz aus.

*Bolwoningen*

S´Hertogenbosch hat auch eine große, sehenswerte Altstadt und sieht sich zudem als Geburtsstadt des Malers Hieronymus Bosch (1450-1516).

### ❖ Rosendaal

Rosendaal ist die erste niederländische Stadt, welche man auf der Fahrt von Belgien erreicht. Lange kannte ich nur den Bahnhof von Rosendaal, doch irgendwann gelang es mir, die recht weit vom Bahnhof gelegene Innenstadt zu erkunden. Ich war dann überrascht, nachdem ich zuvor nur das unspektakuläre Bahnhofsviertel kannte, wie ansehnlich diese doch ist.

### ❖ Helmond

Wie in Rotterdam gibt es auch in Helmond futuristische Würfelhäuser. Der holländische Architekt Piet Blom (1934-1999) hat diese 1977 am Theaterplatz errichten lassen. Im Dezember 2011 brannte das Theater ab und auch einige der Würfelhäuser wurden dadurch beschädigt. Als ich Helmond im Juli 2013 besuche ist eines der Häuser immer noch teilweise mit Planen abgedeckt. Was mir an der nicht übermäßig historischen großen Mittelstadt Helmond sonst noch auffiel, war das burgartige Wasserschloss und dass ein ganzer Stadtteil, Brandevoort, nach den Prinzipien des New Urbanism bzw. der New Classical Architecture erbaut wurde, mit Gebäuden, die sich an historische Architektur anlehnen. Das 1997 begonnene Projekt wurde etwa 20 Jahre später abgeschlossen.

*Würfelhäuser*

## 2.3 Zeeland

In der Provinz Zeeland gibt es nicht viele Städte. Diese sind jedoch meist sehr sehenswert und gut in ihrer historischen Architektur erhalten. Im Mittelalter lagen diese noch auf Inseln und ihre günstige Lage im Zentrum Westeuropas, gut per Schiff zu erreichen, hat sie zu kleinen wohlhabenden Handelsmetropolen werden lassen, was man ihnen noch heute ansieht.

### ❖ Goes

In der Provinz Zeeland gibt es mehrere ausgesprochen hübsche Kleinstädte und Goes ist eine davon. Die kompakte historische Altstadt ist von Wallgräben umgeben. Besonders atmosphärisch ist der Stadthafen von Goes.

### ❖ Middelburg

Middelburg gehört für mich zu den schönsten niederländischen Städten. Trotz erheblichen Zerstörungen im Zweiten Weltkrieg, ist der erste Eindruck, auch durch sensiblen Wiederaufbau, dass Middelburg in seiner historischen Anmutung gut erhalten geblieben ist. Kommt man am

Bahnhof an, scheinen Wasserläufe die einst auf einer Insel in der Nordsee gelegene Stadt zu prägen, den zuerst muss man einen großen Kanal überqueren und dann eine breite Gracht. In der Altstadt fällt das prächtige gotische Rathaus (Stadhuis) auf und der lange Jan, der hohe schmale spätgotische Kirchturm.

## ❖ Zierikzee

Aus den vielen hübschen holländischen Kleinstädten sticht Zierikzee durch seine atmosphärische historische Architektur und die vielen Gewässer ein bisschen heraus.

## ❖ Vlissingen

Anders als viele idyllische Kleinstädte in Zeeland ist Vlissingen eine eher industriell geprägte, raue Stadt. Allerdings gibt es hier interessante moderne Architektur, so schwungvolle Apartmentgebäude direkt am Meer.

❖ ❖ **Rotterdam**

Im Zweiten Weltkrieg stark zerstört, daran mahnt Im Stadtkern eindrucksvoll Ossip Zadkines Statue *de Verwoeste Stad* (1953) mit ihrem herausgerissenen Herzen, hat sich Rotterdam in den letzten Jahrzehnten zu einer Architektur-Hochburg entwickelt. Das Stadtbild ist zwar zu geradlinig, um gemütlich zu sein, aber progressiv ist es allemal. Das fängt schon mit dem Hauptbahnhof an, der wie ein Schiffsbug kühn in den Himmel ragt. Am Binnenhafen die faszinierenden Cube houses aus den 1970er Jahren. An der Wasserkante futuristische Wohnhochhäuser. Rotterdam war nach den umgeschlagenen Tonnen lange der größte Hafen der Welt und ist weiterhin der weitaus größte Hafen Europas. Sein Hinterland reicht bis tief nach Osteuropa.

*Stadthafen von Rotterdam mit Würfelhäusern*

❖ ❖ **Den Haag**

Den Haag ist eine Stadt mit hoher Lebensqualität. Die nur mäßig von ausländischen Touristen besucht wird. Dabei gibt es Topmuseen, wie das Gementeehuis (moderne Kunst) oder das Mauritshuis (bedeutende holländische Meister). Das im Krieg unzerstört gebliebene historische Stadtbild wird allerdings durch moderne und postmoderne Bürogebäude bedrängt, die historische flache Silhouette der Innenstadt beeinträchtigen.

### ❖ ❖ Leiden

Leiden ist schöne und lebendige Stadt mit perfekt erhaltener Altstadt. Wenn man vom Bahnhof in die Innenstadt geht und die schönen Häuserzeilen an den Grachten sieht, meint man, Leiden wäre noch ein Tick perfekter als andere mittelgroße holländische Städte. In Leiden ist Rembrandt geboren. Einmal bin ich auf Dienstreise in Leiden und kaufe einen Magneten `I ❤ Leiden´. Später poste ich den Magneten auf Social Media mit der Überschrift `Die Hauptstadt der Masochisten´.

*Leiden*

## ❖ Gouda

Gouda gehört zu den zahlreichen holländischen Mittelstädten, welche über eine perfekt erhaltene Altstadt
verfügen und deren Attraktivität durch kleine Kanäle zudem
unterstrichen wird. Dass es eine Käsestadt ist, zeigt sich am
Bahnhofdach mit seinen Halbkreisen, welche an Käselaibe
erinnern. Markantestes Gebäude der Stadt ist das
spätgotische Rathaus mit seinen vielen Türmchen. Auf dem
großen Marktplatz findet von April-August jeden Donners-
tagvormittag der Käsemarkt statt. Riesige gelbe Goudalaibe
sind dann auf dem Boden vor dem Rathaus ausgebreitet.

## ❖ Dordrecht

Kurz vor Rotterdam gelegen, hat Dordrecht ein prächtiges,
von vielen Kanälen durchzogenes Stadtbild. Von hier ist es
nicht weit bis Kinderdijk, eine idyllische Sammlung
typischer holländischer Windmühlen.

*Stadthafen von Dordrecht*

## ❖ Delft

Delft ist die Geburtsstadt des bedeutenden Malers Johannes Vermeer (1632-1675) und im Sommer 2015 besuche ich das Vermeer-Zentrum der Stadt. Dabei fällt auf, wie veralgt die Kanäle der Stadt sind. Einst wurde in Delft auch viel Bier gebraut, mit Kanalwasser, welches Abfälle und Fäkalien aufnehmen wusste. Kein Wunder hat noch heute holländisches Bier keinen sonderlich guten Ruf. 2015 wurde übrigens auch der moderne neue Bahnhof der Stadt eingeweiht, der ein historisches, aber kleinstädtisch wirkendes Gebäude ersetzte.

## ❖ Spijkenisse

Vor etwa 10 Jahren reiste ich in den Rotterdamer Vorort Spijkenisse. Ich hatte in einer Architekturzeitschrift gelesen, dass man dort die in Wirklichkeit nicht existierenden auf den Euro-Scheinen abgebildeten Brücken nachgebaut hatte, die es somit tatsächlich gab. An einem kleinen Wassergraben in einem Neubaugebiet fanden sich die einzelnen Euro-Brücken in den Farben der jeweiligen Geldscheine. Mittlerweile hat sich allerdings das Aussehen der Geldscheine geändert. Spijkenisse bietet jedoch weitere interessante Architektur, so ein spektakuläres Stadttheater.

*20 Euro-Brücke in Spijkenisse*

71

## ❖ Gorinchem

Gorinchem ist eine der vielen hübschen niederländischen Mittelstädte mit gut erhaltener Altstadt und mit vielen Kanälen, welche von pittoresken Häuserzeilen gesäumt werden. Als ich ein Bild von einer Reise nach Gorinchem poste, kommentiert eine Person, die Niederlande hätten einfach die hübschesten Städte.

*Brücke über die Linge*

## 2.5 Noord Holland

### ❖ ❖ Amsterdam

Mit seinen vielen Grachten und den vielen schmalen bunten Stadthäusern bietet Amsterdam das mit Venedig vielleicht schönste Stadtbild der Welt. Zudem gibt es Weltklasse-Kunstmuseen. Amsterdam ist deshalb der urbane Hauptanziehungspunkt der Niederlande. Die Konzentration von Souvenirläden, die Touristenmassen, die hohe Frequenz von touristischen Bootstouren weisen jedoch auch auf over-tourism hin. Die Innenstadt ist jedoch so groß, dass man dennoch ruhige Ecken findet.

### ❖ Haarlem

Haarlem hat eine perfekt erhaltene beeindruckende Altstadt. Durch Stadttore, Windmühlen und einem Großen Markt-platz mit historischer Architektur sogar noch ein bisschen pittoresker als andere holländische Orte. Dazu kommt ein sehenswerter historischer Bahnhof und mehrere heraus-ragende Museen. Dazu gehört das Teyler Museum, das älteste Museum der Niederlande, mit seiner bunten kuriosen Sammlung von Technik bis Kunst war es für mich ein Grund im Juli 2017 in die Stadt zu kommen. Sehenswert ist auch das Museum für den bedeutenden niederländischen Maler Frans Hals (1584-1666).

❖ **Alkmaar**

Die Käsestadt Alkmaar gehört für mich zu den schönsten niederländischen Städten. Eine perfekt erhaltene historische Altstadt, umgeben von Kanälen, mit bedeutenden Gebäuden wie der St. Laurenzkirche, dem Rathaus und dem Waaghaus. Insgesamt sind es 399 denkmalgeschützte Gebäude auf relativ kleiner Fläche. Einen Käsemarkt gibt es auch.

❖ **Hoorn**

Mit ihrer perfekt erhaltenen Altstadt, mit schmalen Backstein-Stadthäusern mit Treppengiebeln, mehreren Stadttoren und den Kanälen und der Promenade am Ijjselmeer gehört Hoorn sicher zu den schönsten Mittelstädten der Niederlande.

❖ **Marken**

Es gibt zahlreiche sehenswerte Mittelstädte in den Niederlanden, aber was pittoreske Dörfer betrifft, schießt das auf einer Insel gelegene Fischerdorf Marken mit seinen grünen Holzhäuschen wohl den Vogel ab.

## Zaandam

Zaandam, unweit von Amsterdam am Fluss Zaan gelegen, begrüßt den Besucher mit absurder Architektur, aufeinandergestapelte Häuschen, die ein Hotel-Hochhaus ergeben. Eine richtige Altstadt hat Zaandam jedoch nicht vorzuweisen. Unweit der Stadt findet sich die Windmühlenparade im Dorf Zaanse Schans. Diese ist Teil der Zaanstrek, eine der am frühesten industrialisierten Regionen in Westeuropa. Im 17. Jahrhundert standen hier 900 Windmühlen am Ufer der Zaan und trieben alle möglichen Gewerbe an von Mehl, Öl bis Papiermühlen.

## ❖ Hilversum

Hilversum ist eine Medienstadt, Sitz mehrerer Radio- und TV-Sender sowie von Zeitungen. Es ist eine wohlhabende moderne Stadt mit großen Villengebieten, am Rande der Randstad und unweit von Amsterdam gelegen. Im Juli 2013 besuche ich die Stadt und vor allem zwei Gebäude bleiben mir in Erinnerung: das Medienmuseum Sound and Vision mit seiner bunten Fassade und das Rathaus des Architekten Marinus Dudok (1884-1974) aus dem Jahre 1931, ein kantiger Bau mit beiger Putzfassade und hohem Uhrturm.

## ❖ ❖ Utrecht

Utrecht liegt so zentral in den Niederlanden, dass die Bahnkilometer von hier ausgehend gemessen werden. Im Zentrum des Bahnnetzes gelegen, ist der Bahnhof riesig mit ebenfalls riesiger Fahrradstation. Utrecht ist einen Tick älter als die anderen niederländischen Großstädte, die teilweise auf Landflächen liegen, die im Mittelalter noch unter dem Meeresspiegel lagen. Bis zum Goldenen Zeitalter Hollands (1588-1672) war Utrecht die größte und wichtigste Stadt des Landes. Seither hat es eine Westverschiebung gegeben. Utrechts historische Bedeutung wird an der riesigen Altstadt deutlich und an der gotischen Kathedrale St. Martin, mit ihrem 112 m hohen Turm. Die Stadt hat fast so schöne Grachten wie Amsterdam und gilt als touristischer Geheimtipp. Wem Amsterdam zu überlaufen der soll Utrecht besuchen. In Amsterdam kommt man jedoch mit dem Zug schöner an. Utrecht hat einen labyrinthischen Bahnhof, der zudem mit einem Einkaufszentrum verbunden ist. Hat man herausgefunden, ist man sich immer noch nicht sicher, wo es ins historische Zentrum geht.

*Rauer Empfang am Bahnhof, gemütliche historische Innenstadt.*

## ❖ Amersfoort

Amersfoort ist reicher an Sehenswürdigkeiten als man es erwarten würde. Einmal bin ich hier, um das Piet Mondriaan Museum zu besuchen. Ein anderes Mal sehe ich das in einem interessanten historischen Gebäude beheimatete Flehite Museum. Dann komme ich, um den Reisebuchladen Ontdekker zu sehen. Schließlich bin ich erstaunt, das aus dem Mittelalter stammende historische Koppelpoort Tor, welches eine Straße und einen Kanal überspannt. Von den zwei Stadtmauern sind noch etliche Spuren erhalten. Der Turm der gotischen Liebfrauenkirche ist mit 98 m einer der höchsten der Niederlande. Er ist zudem Bezugspunkt des niederländischen Geokoordinatensystems und so quasi Mittelpunkt des Landes. Weiter fällt das Kulturzentrum Eemhuis auf. Ein Besuch von Amersfoort lohnt sich also gleich aus mehreren Gründen.

*Koppelpoort*

## 2.7 Flevoland

Flevoland wurde in den 1960er Jahren dem Meer durch Eindeichung abgerungen. Alte Städte mit historischen Gebäuden gibt es hier deshalb nicht. Die meisten Gebäude sind seit den 1970er Jahren entstanden,

### ❖ Lelystad

Lelystad ist die Hauptstadt der durch Eindeichung der Zuidersee entstandenen neuen Provinz Flevoland. Eine Altstadt gibt es hier nicht, alle Gebäude sind nach 1970 entstanden, aber in typisch holländisch progressiver Manier ausgeführt. Bei einem Besuch im August 2013 goutiere ich die moderne Architektur des Agora-Theaters.

*Agora Theater*

### ❖ Almere

Almere ist mit 200 000 Einwohnern die größte Stadt von Flevoland und siebtgrößte Stadt der Niederlande. Hier pendeln viele nach Amsterdam aus und der Bahnhof ist dementsprechend belebt. Wegen des Bahnhofs besuche ich Almere im Jahre 2011 und finde um den Bahnhof eine beeindruckend moderne Stadtlandschaft vor. In den Niederlanden gilt Almere jedoch eher als hässlich.

## 2.8 Gelderland

Das Gelderland ist eine zentral gelegene Region der Niederlande. Im Zweiten Weltkrieg heftig umkämpft, sind die größeren Städte von Kriegsschäden nicht unverschont geblieben.

### ❖ Arnheim (Arnhem)

Arnheim (160 000 Einwohner) ist Hauptstadt und größte Stadt des Gelderlandes. Als strategischer Eisenbahnknoten, mit wichtigen Straßen- und Eisenbahnbrücken über den Niederrhein, war Arnheim im Zweiten Weltkrieg stark umkämpft (Schlacht von Arnheim, Film `Die Brücke von Arnheim`). Die Kriegszerstörungen sieht man heute der Stadt kaum an. In der Gegend um den Bahnhof dominieren jedoch moderne Bauten. Das Empfangsgebäude (Büros Van Berkel/UN Studio) selbst zeigt kühne moderne Architektur und wurde 2015 eröffnet. Der Bahnhof und der Reisebuchladen von Arnheim, waren für mich Gründe für mehrere Besuche. Verkehrsinteressierte finden hier zudem den einzigen Oberleitungsbusbetrieb der Niederlande.

Bahnhof von Arnheim

## ❖ Nimwegen (Nijmegen)

Der Name der Stadt geht auf die römische Bezeichnung Novomagius (neuer Markt) zurück. Aufgrund der Ursprünge im Römischen Reich sieht sich Nimwegen als älteste Stadt der Niederlande und feierte im Jahre 2005 den 2000. Geburtstag der Stadt. Im Februar 1944 wurde die Stadt durch ein Bombardement der Alliierten stark zerstört. Eventuell hatten diese Nimwegen für das nahe deutsche Kleve gehalten. Bei der Schlacht um Arnheim gab es weitere Schäden. Ein Wiederaufbau im modernen Stil hat zum Paradox beigetragen, dass Nimwegen als älteste Stadt der Niederlande von der Architektur in weiten Teilen her eher modern wirkt. Das Rathaus und der Große Markt zeigen jedoch noch das frühere Bild Stadt. Mein letzter Besuch der Stadt im Jahre 2012 galt dem nationalen Fahrradmuseum Velorama. Von dort ging ich zur Waal-Promenade. Nimwegen liegt eindrucksvoll an diesem mächtigen Seitenarm des Rheins.

## ❖ Apeldoorn

Apeldoorn ist eine der drei großen Städte des Gelderlandes. Weniger strategisch gelegen als die beiden anderen, wurde die Stadt im Zweiten Weltkrieg kaum zerstört. Trotzdem habe ich Apeldoorn seit einem Besuch im Jahre 2013 eher als moderne Stadt in Erinnerung. Die Altstadt ist klein, es überwiegen moderne Wohnsiedlungen. Apeldoorn war lange ein eher kleiner abgelegener Ort, umgeben von Wald. Der Bau des königlichen Lustschlosses Het Loo durch Wilhelm den III. führte ab 1689 zu einem Aufschwung. Apeldoorn hat zudem von Verlagerungen von Behörden aus der Randstad profitiert. Heute ist Apeldoorn eine propere, eher moderne Stadt ohne große Architekturhöhepunkte, sieht man vom königlichen Schloss ab.

### ❖ Zutphen

Das besondere an der Mittelstadt Zutphen mit ihrem historischen Stadtkern ist die teilweise noch vorhandene Stadtmauer. Blickt man von manchen Grünflächen aus, ergibt sich die perfekte Silhouette einer turmreichen Stadt, begrenzt von einer historischen Backsteinmauer. Nicht nur der Turm der Stadtkirche ragt heraus. Zutphen wird deshalb auch Stadt der Türme genannt. Im August 2013 besuche ich Zutphen und genieße den Gang durch eine verwinkelte Altstadt.

*Altstadt von Zutphen*

## 2.9 Overijssel

Die Provinz Overijssel ist reich an attraktiven historischen Städten.

### ❖ Zwolle

Die Hauptstadt der Provinz Overijssel, wird auch Zwolly-wood genannt, aus dem Bemühen heraus, die Stadt mit der Filmindustrie zu verknüpfen. Einmal besuchte ich Zwolle wegen seines originelle Kunstmuseums. Ein klassischer Bau, auf dem Dach jedoch ein riesiges Ei. Mein zweiter Besuch galt dem Buchladen Wanders. Der ist in einer ehemaligen Kirche untergebracht, was ihm eine besondere Atmosphäre verleiht, fast so wie Dominicanen in Maastricht. Ansonsten ist Zwolle eine solide und sehenswerte niederländische Stadt.

### ❖ Kampen

Kampen ist mit seiner reichen historischen Architektur, einschließlich sehenswerter Kirchen und Stadttore und einer

Waterfront eine ausnehmend hübsche ehemalige Hansestadt. Die Vielzahl ansehnlicher historischer Backsteinbauten zeigen, wie wichtig die Stadt einst war.

## ❖ Deventer

Nach Deventer reiste ich im Jahre 2011, um den berühmten Buchmarkt zu besuchen. Ansonsten ist Deventer eine solide aufgeräumte und sehenswerte Stadt, mit einer lebendigen Mischung aus Backstein und Putzfassaden und einer eindrucksvollen von der Lebuinus-Kirche dominierten Waterfront am breiten Ijssel-Fluss.

## ❖ Enschede

Enschede ist eine große solide holländische Mittelstadt, eine Mischung aus alt und neu, mit eher kleinem historischem Stadtkern. Für eine niederländische Stadt ist sie nur wenig von Wasserläufen geprägt und es ist eher eine moderne Gewerbestadt als eine typische Touristenstadt, besitzt aber auch gemütliche Ecken, so am Alten Markt.

## ❖ Almelo

Wenn man in Almelo aus dem Bahnhof kommt, ist man überrascht, wie modern die Stadt ist, frägt sich aber auch bald, wo eigentlich die Altstadt ist. Diese ist recht klein, ein paar Straßen an der alten Wasserburg. Das Zentrum dieser erst im 19. Jahrhundert gewachsener Industrie- und Gewerbestadt ist eher von moderner Prägung. Kanäle in Bahnhofsnähe, gesäumt von moderner Architektur, machen die Innenstadt jedoch interessant.

## 2.10 Drenthe

In der im Nordosten des Landes gelegenen unspektakulären und von Touristen nur wenig besuchten Provinz Drenthe habe ich bisher nur eine Stadt gesehen, Assen, die Hauptstadt der Provinz.

### ❖ Assen

Die Hauptstadt der Provinz Drenthe ist eine attraktive Mittelstadt mit kleinem historischem Zentrum und einem Kanal, der bis an den Rand der Altstadt führt und an welchem Schiffe verankert sind. Im August 2021 fuhr ich in die Stadt, um das neue Empfangsgebäude des Bahnhofs zu erkunden. Ein 1988 errichtetes Gebäude, das wegen seiner kleinen spitzen Ecktürmchen Moschee genannt wurde, war in den letzten Jahren abgerissen worden, um einem moderneren Gebäude mit kühn aufsteigendem Dreieck-Holzdach zu weichen. So hat Assen heute einen der spektakulärsten modernen Bahnhöfe der Niederlande.

*Spektakulärer Bahnhof von Assen*

84

## 2.11 Groningen

### ❖ ❖ Groningen

Die einzige Stadt in der Provinz Groningen, welche ich bisher genauer erkundete, ist die Hauptstadt Groningen. Bereits der Bahnhof, sehr sehenswert, vor allem der historische Schaltersaal. Auf dem Weg in die Innenstadt kommt man an einem interessanten Museumskomplex vorbei, dessen Pavillons von den Architekturbüros Philippe Starck, Alessandro Mendini und Coop Himmelblau gestaltet wurden.

In der schönen, verkehrsberuhigten und durch die vielen Studenten (35 000 sind es in der Stadt) belebten Innenstadt Groningens finden sich zahlreiche originelle Geschäfte und viele hübsche kleine Gässchen. Einmal komme ich hierher, um einen der zehn niederländischen Reisebuchhandlungen zu besuchen. Groningen gilt zudem als Fahrradhauptstadt Europas. Bereits im Jahre 1977 wurden durch einen Verkehrsentwicklungsplan (von Max Van den Berg) dafür die Weichen gestellt. In der Innenstadt werden etwa 40% der Wege mit dem Fahrrad zurückgelegt. Am Bahnhof findet sich zudem eine sehr große Fahrradstation.

## 2.12 Friesland

❖ **Leeuwarden**

Leeuwarden ist die Hauptstadt Frieslands (2018 war die Stadt Kulturhauptstadt Europas), was an repräsentativen Verwaltungsgebäuden deutlich wird. Der zentrale Innenstadtplatz zeigt eine Mischung aus alt und neu. Weil man Hauptstadt sein will, ist die Innenstadt nicht ganz so idyllisch und putzig wie in den friesischen Kleinstädten.

❖ **Harlingen**

Harlingen hat eine hübsche kompakte Altstadt mit engen gemütlichen Straßen, aber auch einen interessanten Hafen. In einem Hafenkran kann man sogar übernachten, was allerdings nicht ganz billig ist. Ich habe mir vorgenommen, das dennoch einmal zu versuchen.

❖ **Sneek**

Besonders hübsch und backsteinseelig sind friesische Kleinstädte wie Sneek und Franeker. Sneeks Altstadt ist kompakt, in ihrer historischen Anmutung erhalten und es finden sich entlang von Kanälen viele atmosphärereiche Straßen. In Sneek fällt ein originelles Stadttor mit spitzen Türmchen auf. Auch der Bahnhof ist sehenswert. Die Textilkette C&A wurde 1844 in Sneek gegründet. 68 Mitglieder des Inhaberclans der Brennikmeijers gehören dem engsten Zirkel an, dem sogenannten Sneeker Kring.

❖ **Franeker**

Franeker ist ähnlich puppenstubenhaft backsteinhübsch wie Sneek. Das Einzige was fehlt, sind Gebäude mit hohem Erkennungswert.

## 3. Luxemburg

Luxemburg ist ein Steuerparadies im Zentrum Westeuropas, umgeben von Hochsteuerländern, Finanzkapitale und wichtige Europastadt. Immer mehr Zentralen wichtiger Firmen haben sich hier in den letzten Jahrzehnten aus Steuergründen angesiedelt, darunter Skype und Spotify und der Europasitz von Amazon. Das Land befindet sich in einer Art Dauerboom, die Bevölkerung wächst durch Zuwanderung stetig (die Einheimischen sind eigentlich schon in der Minderzahl), die öffentliche Hand schwimmt im Geld und überall wird die verkehrliche und kulturelle Infrastruktur ausgebaut und mit spektakulärer Architektur geklotzt. Aufgrund des schnellen Wachstums ist Luxemburg irgendwie un-europäisch, eher ein kleines Shanghai oder Dubai als eine langsam und organisch gewachsene typische europäische Stadt.

### ❖ ❖ Luxemburg Stadt

Einst eine beschauliche Provinzstadt hat sich Luxemburg Stadt durch den Dauerboom des Landes und wichtige Firmensitze zu einer kleinen internationalen Metropole aufgeschwungen, mit sehr diverser Bevölkerung (Luxemburger machen nur ein Viertel der Einwohner aus). Es ist zudem die reichste Stadt der EU. Die Infrastruktur entspricht der einer viel größeren Stadt. Das trifft auch auf die Arbeitsplätze zu. Über 200 000 Arbeitskräfte aus dem Ausland strömen jeden Tag ins Land, die meisten nach Luxemburg Stadt. Aus Frankreich und Belgien kommen hier viele mit dem Zug an. Der Hauptbahnhof der Stadt wird deshalb immer belebter und immer weiter ausgebaut. Das Zugangebot hält mit dem viel größerer Städte mit.

Die Altstadt mit ihrer spektakulären Topografie und einer canyon-artigen Schlucht wird laufend saniert und als Wohnstandort aufgewertet (monacoisiert). Das Einkaufs- und Kulturangebot expandiert laufend ebenso. Besonders deutlich ist der Boom auf dem Kirchberg. Hier ist fast eine Art Klein-Brasilia entstanden, eine moderne EU-Hauptstadt mit vielen Bauten von EU-Institutionen wie dem Statistischen Amt der Kommission (Eurostat), der Europäischen Investitionsbank und dem Europäischen Gerichtshof. Zudem schießen Bürobauten von privaten Unternehmen wie Pilze aus dem Boden. Seit ein paar Jahren ist das Kirchberg-Viertel durch eine moderne Straßenbahn mit dem Hauptbahnhof verbunden. Luxemburg ist durch seien Dynamik eine der bemerkenswertesten Städte der EU, aber auch trauriges Beispiel dafür, dass dort, wo bereits viel geld ist immer mehr dazukommt, während andere Regionen und Länder in fiskalische Notlage geraten und dass man mit Steuerdumping zulasten anderer Länder und Regionen in der EU immer noch durchkommt.

## ❖ Vianden

Vianden ist eine sehr kleine Stadt (2000 Einwohner) am Fluss Our in der Oesling-Region im Norden des Landes. Our, Sauer und Mosel bilden die Grenze zu Deutschland, aber hier reicht Luxemburg ein bisschen in die Höhenzüge jenseits der Grenze hinein. Was Vianden zu einer Touristenattraktion macht, ist die Burg mit ihren Türmchen, eine Art Neuschwanstein Luxemburgs.

## ❖ Clervaux

Clervaux liegt wie Vianden im Oesling im Norden des Landes, ist jedoch per Bahn gut zu erreichen. Clervaux hat nur 1300 Einwohner und nicht den Status einer Stadt. Im Jahr 2001 bin ich hier, um mit einem Kunstexperten die berühmte Fotosammlung Family of Man, die einst vom bedeutenden Luxemburger Fotografen Edward Steichen (1879-1973) kuratiert wurde und in der Burg Clervaux physisch beheimatet ist, zu besuchen.

## ❖ Diekirch

Diekirch ist eine am Fluss Sauer gelegene kleine Bierbrauerstadt im Norden des Landes. Im Zuge einer Fahrradtour nach Vianden bin ich im Jahre 1997 in der Stadt. Wie alle Luxemburger Städte macht sie einen gepflegten und wohlhabenden Eindruck, obwohl es eine kleine Industriestadt ist.

## ❖ Esch-sur-Alzette

Die Schwerindustriestadt Esch ist mit 35 000 Einwohnern die zweitgrößte Stadt des Landes. Es ist eine Stahlstadt und stagnierte lange. Im Land werden zwar immer noch über 2 Millionen Tonnen Stahl produziert, die höchste Stahlproduktion pro Kopf weltweit, dennoch fielen auch in Esch Stahlwerke brach. Doch der allgemeine Boom Luxemburgs zieht auch Esch mit nach oben. Der einstige Stahlwerkstandort Esch-Belval ist mittlerweile zu einem Hochschul- und Bürozentrum entwickelt worden mit einem Unihochhaus, wichtiger Standort der Luxemburger Universität, und hypermodernen Büro- und Wohngebäuden. Ein bisschen ein Kirchberg des Südens, direkt an der Grenze zu Frankreich, von wo viele einpendeln.

Dass die Stadt schon in den 1930er Jahren für Luxemburger Verhältnisse mit 30 000 Einwohnern recht groß war, sieht man an der Fußgängerzone, welche durch Bauten aus dieser Epoche geprägt ist.

# Anhang

*In Europa von mir besuchte Städte*

# 1. Belgien: Besuchte Städte/Gemeinden nach Provinzen

| Provinz, Region | Städte | besucht | Top 100 Benelux (40 BE) | Andere im Buch |
|---|---|---|---|---|
| Brüssel (Reg.) | 1 (19) | 1 (19) | Brüssel | 1 |
| Fl. Brabant | 9 | 9 | Leuven, Diest | 4 |
| Antwerpen | 8 | 8 | Antwerpen, Lier, Mechelen, Herentals | 5 |
| Ostflandern | 12 | 12 | Gent, St. Niklaas, Dendermonde, Aalst | 4 |
| West-flandern | 22 | 22 | Brügge, Ostende, Ypern, Veurne Diksmuide, Damme | 6 |
| Limburg | 15 | 15 | Hasselt, Tongeren, St. Truiden | 5 |
| **Flandern** | **67** | **67** | **20** | **25** |
| Wal. Brabant | 6 | 6 | Louvain-la-Neu-ve, Jodoigne | 2 |
| Lüttich | 15 | 15 | Lüttich, Eupen, Malmedy, Spa, Huy, Limbourg, Verviers | 3 |
| Luxembourg | 13 | 4 (31%) | Durbuy, Arlon | 0 |
| Namur | 11 | 11 | Namur, Dinant, Couvin, Walcourt | 1 |
| Hainaut | 23 | 23 | Charleroi, Mons, Tournai, Chimay Thuin | 9 |
| **Wallonien** | **68** | **59 (87%)** | **20** | **15** |
| **Belgien** | **136** | **127 (93%)** | **40** | **40** |

## 2. Niederlande: Besuchte Städte/Gemeinden nach Provinzen

| Provinz, Region | Städte über 20 000 | be- sucht | Top 100 Benelux (55 NL) |
|---|---|---|---|
| Limburg | 19 | 12 | Maastricht, Heerlen, Roermond, Valkenburg, Weert, Thorn |
| Nord Brabant | 44 | 9 | Breda, Tilburg, Eindhoven, Helmond, s-Hertogenbosch, Rosendaal |
| Zeeland | 11 | 5 | Middelburg, Goes, Zierikzee, Vlissingen |
| Zuid Holland | 47 | 12 | Rotterdam, Den Haag, Leiden, Gouda, Dordrecht, Gorinchem, Delft, Schiedam, Spijkenisse |
| Noord-Holland | 33 | 10 | Amsterdam, Haarlem, Den Helder, Den Burg, Alkmaar, Hoorn, Edam, Hilversum, Zaanstad, (Marken) |
| Utrecht | 19 | 4 | Utrecht, Amersfoort, Zeist |
| Flevoland | 6 | 2 | Almere, Lelystad |
| Gelderland | 41 | 5 | Apeldoorn, Arnheim, Nijmegen, Zutphen, |
| Overijssel | 22 | 5 | Kampen, Zwolle, Enschede, Almelo, Deventer |
| Drenthe | 11 | 1 | Assen |
| Groningen | 9 | 3 | Groningen |
| Friesland | 12 | 4 | Leeuwarden, Harlingen, Franeker, Sneek |
| Niederlande | 274 | 72 | 55 |

# 3. Luxemburg: Besuchte Städte nach Regionen

| Region | Städte | be-sucht | Top 100 Benelux (5 LU) | Andere im Buch |
|---|---|---|---|---|
| Oesling (der Norden) | 2 | 1 | Vianden, (Clervaux) | - |
| Gutland (der Süden) | 10 | 5 | Luxemburg, Esch-sur-Alzette, Diekirch | - |

# 4. Einwohnerzahlen wichtiger Städte Luxemburgs

| Stadt | 1990 | 2000 | 2010 | 2020 |
|---|---|---|---|---|
| Luxembourg | 74.7 | 80.7 | 90.8 | 122.3 |
| Esch sur Alzette | 23.9 | 25.2 | 30.1 | 36.2 |
| Differdange | 16.1 | 17.3 | 21.5 | 27.4 |
| Dudelange | 14.3 | 17.1 | 18.5 | 21.3 |
| Echternach | 4.4 | 4.5 | 4.9 | 5.7 |

# 5. Einwohnerzahlen der 15 größten Städte Belgiens

| Stadt | 2000 | 2010 | 2015 | 2020 |
|---|---|---|---|---|
| **Region Brüssel** | 959 | 1090 | 1181 | 1218 |
| **-Brüssel Gemeinde** | 134 | 158 | 176 | 185 |
| **-Schaerbeek** | 106 | 121 | 131 | 133 |
| **-Anderlecht** | 88 | 105 | 116 | 121 |
| **-Molenbeek St. J.** | 71 | 88 | 96 | 98 |
| **-Ixelles** | 73 | 80 | 85 | 88 |
| **-Uccle** | 74 | 78 | 81 | 84 |
| **Antwerpen** | 447 | 484 | 514 | 529 |
| **Gent** | 224 | 243 | 253 | 264 |
| **Charleroi** | 201 | 203 | 202 | 203 |
| **Lüttich** | 186 | 193 | 196 | 197 |
| **Brügge** | 116 | 117 | 118 | 119 |
| **Namur** | 105 | 109 | 111 | 111 |
| **Löwen (Leuven)** | 88 | 95 | 98 | 102 |
| **Mons** | 91 | 92 | 95 | 96 |
| **Aalst** | 76 | 80 | 84 | 87 |
| **Mechelen** | 75 | 81 | 84 | 87 |
| **La Louvière** | 77 | 78 | 80 | 81 |
| **Hasselt** | 68 | 73 | 76 | 79 |
| **Sint-Niklaas** | 68 | 72 | 74 | 79 |
| **Kortrijk** | 75 | 75 | 75 | 77 |

## 6. Einwohnerzahlen der 20 größten Städte der Niederlande

| Stadt | 2000 | 2010 | 2015 | 2021 |
|---|---|---|---|---|
| Amsterdam | 731 | 777 | 822 | 872 |
| Rotterdam | 593 | 593 | 624 | 651 |
| Den Haag | 441 | 489 | 515 | 549 |
| Utrecht | 234 | 307 | 334 | 359 |
| Eindhoven | 201 | 214 | 223 | 236 |
| Groningen | 173 | 187 | 200 | 233 |
| Tilburg | 193 | 205 | 212 | 223 |
| Almere | 143 | 188 | 197 | 216 |
| Breda | 161 | 173 | 181 | 184 |
| Nijmegen | 152 | 163 | 171 | 178 |
| Appeldoorn | 153 | 156 | 158 | 165 |
| Arnhem | 138 | 147 | 152 | 163 |
| Haarlem | 148 | 150 | 157 | 162 |
| Enschede | 150 | 157 | 159 | 159 |
| Haarlemmermeer | 111 | 143 | 144 | 158 |
| Ammersfoort | 126 | 145 | 152 | 158 |
| Zaanstad | 136 | 145 | 151 | 157 |
| S´Hertogenbosch | 129 | 140 | 151 | 156 |
| Zwolle | 106 | 119 | 124 | 130 |
| Leeuwarden | 88 | 93 | 108 | 125 |
| Leiden | 117 | 117 | 122 | 125 |
| Maastricht | 122 | 119 | 122 | 122 |

**Weitere Bücher des Autors** zu Städten (Siehe www.bod.de)

**Weg ist das Ziel**
Wie ich 1001 Stadt in Deutschland besuchte
Books on Demand, Norderstedt 2020

**Butterseelenallein**
100 Städte in Baden-Württemberg und im Elsass, welche
man kennen sollte.
Books on Demand, Norderstedt 2021

**Tief im Westen**
100 Städte im Westen Deutschlands, welche man kennen
sollte
Books on Demand, Norderstedt 2021

**Zeitzeeing**
100 Städte in Mittel- und Ostdeutschland, welche man
kennen sollte
Books on Demand, Norderstedt 2021

**Von Kassel bis Kusel**
100 Städte in Hessen, Rheinland-Pfalz und im Saarland,
welche man kennen sollte
Books on Demand, Norderstedt 2021

**Nordlichter**
100 Städte in Norddeutschland, welche man kennen sollte
Books on Demand, Norderstedt 2021

**Weiß-blaue Schatzkästlein**
100 Städte in Bayern, welche man kennen sollte
Books on Demand, Norderstedt 2021